지리적 시선으로 본
포항의 읍성

04
융합문명연구원 포항학총서

지리적 시선으로 본
포항의 읍성

흥해 · 연일편

민석규

도서출판 나루

머리말

사람이 땅에서 살아온 기록이 인류의 역사라면, 사람이 발을 붙이고 살아가는 땅이 형성된 과정을 밝혀내고 그 땅이 사람의 활동에 끼친 영향을 분석하는 학문이 지리학이다. 분지, 선상지, 범람원, 삼각주, 고원, 산맥, 빙하, 화산 같은 자연 지형이 인류 역사와 관계가 깊다고 생각하기는 어렵다. 그래서 역사와 지리는 별개의 학문이고 역사는 역사가의 영역이라고만 생각했고 지금까지 그래왔다.

　그러나 지구상의 모든 문명과 역사는 사람이 삶을 영위하기에 알맞은 지리적인 여건이 갖추어진 자리에서 성립되고 전개되었다. 사막지대인 이집트에서 사람이 살아갈 수 있는 공간은 물을 공급해주는 나일강 유역이 유일하다. 나일강 유역의 농업지대는 나일강의 홍수로 만들어진 범람원이라는 하천 지형이다. 홍수가 사람에게 피해를 주는 자연현상이라고 오해하기 쉽지만, 나일강의 범람은 고대 이집트 사람들에게 축복이었다. 나일강은 정기적으로 범람할 때마다 나일강 상류 화산지대의 비옥한 토양을 운반해와 비료를 주지 않아도 농사가 잘되게 해줬다. 또한 나일강은 철도, 자동차 같은 육상교통이 발달하지 못했던 고대 이집트에서 배가 다니는 수로로써 현재의 고속도로와 같은 역할도 했다. 이처럼 하천 오아시스인 나일강 유역은 사막기후인 이집트에서 사람이 살아갈 수 있는 지리적 조건을 갖춘 공간이라 사람들이 모여 도시가 형성되었다. 도시를 중심으로 이집트 문명이 형성되고 고대 이집트 역사가 전개되었다.

강원도 남부에서 포항에 이르는 동해안은 태백산맥이 해안까지 뻗어있어 넓은 분지나 평야가 발달하지 못해 많은 인구가 거주할 수 있는 지리적인 공간이 거의 없다. 그러나 포항시 일대는 청하, 흥해, 신광, 기계, 장기 같은 상대적으로 규모가 큰 분지와 영일만의 연일읍, 대송면, 동해면 일대에 넓은 평야가 발달해, 일찍부터 사람이 거주하였다. 넓은 분지와 평야의 토지 생산력을 바탕으로 포항시 지역은 암각화, 고인돌, 대형 고분 같은 유적을 남길 정도로 고대부터 역사가 시작되었다.

동해안은 많은 섬과 만, 반도가 발달해 드나듦이 복잡한 리아스 해안을 이루는 남해나 서해와 달리 매우 단조롭다. 큰 파도와 바람을 막아주는 섬과 만이 없는 단조로운 해안이라 좋은 항구가 입지 하기에 불리한 지리적 조건을 이루고 있다. 그러나 포항시 동해안은 동해안 최대의 영일만과 구룡반도가 자리해 상대적으로 드나듦이 큰 해안을 이루고 있어 항구 발달에 상대적으로 유리한 지리적 조건을 갖추고 있다.

동해면 임곡리에 연오랑 세오녀의 전설이 등장한 것도 동해안에서 가장 큰 영일만이 바다로 진출하는데 필요한 항구가 발달할 수 있는 지리적 조건을 갖추고 있기 때문이다. 포항이라는 지명을 낳은 포항창진이 영조 때 포항에 설치된 것도 함경도까지 대량의 구휼미를 실어낼 수 있는 항구 역할을 할 수 있는 영일만과 형산강이라는 지형이 발달했기 때문이다. 또한, 영일만에 자리한 포항에 제철소가 자리하고 포항시가 빠르게 성장해 신흥 공업도시로 발돋움할 수 있었던 것도 수심이 깊고, 조차가 작은 영일만의 유리한 지리적인 여건 때문이었다.

　역사적 사건이나 역사가 전개되었던 지역은 반드시 그런 역사가 이루어진 지리적인 배경이 있다. 이번 글은 조선시대 1군 3현(흥해군, 청하현, 영일현, 장기현)이 설치되고 군현의 중심지(읍치)가 자리했던 읍성들의 지리적인 특징에 대해 살펴보고자 했다. 지면의 한계로 흥해군과 영일현 읍성 입지의 지리적 특징을 중심으로 살펴보고, 청하와 장기의 읍성은 다음 글에서 다루고자 한다.

민석규

목차

1

흥해분지의 지리적 특징과 읍성의 입지

흥해분지는 산지가 많아 사람이 거주할 공간이 좁은, 동해안에서 해안 가까이에 발달한 침식분지로 고대부터 사람들의 중요한 거주 공간이었다. 흥해분지가 자리한 포항지역은 양산단층을 경계로 서쪽은 백악기 불국사 화강암, 석영반암, 안산암질 화산암류, 경상계퇴적암류가 주로 분포되어 비학산-내연산으로 이어지는 해발 700m 이상의 높은 산지를 이루고 있다.

양산단층의 동쪽 지역은 주로 신생대 제3기 연일층군의 퇴적암이 분포되어 흥해분지를 비롯해 고도가 매우 낮은 구릉이 발달해 있어 암석 분포에 따라 지형경관이 대조를 이루고 있다. 흥해분지는 제3기 연일층군 퇴적암류에 발달한 4각형 모양의 침식분지이다.

흥해분지와 우리나라 동남부 지역에 발달한 북북동 - 남남서 방향의 단층체계

〈그림 1〉의 왼쪽 지도는 우리나라의 주요 단층대를 표시한 것이고, 오른쪽 지도는 우리나라 동남부 지역에 발달한 북북동 - 남남서 방향의 주요 단층을 나타낸 것이다. 양산단층으로 대표되는 동남부 지역의 단층들은 신생대 제3기에 형성된 단층으로 지구조 운동에 따른 동해의 확장과 축소 과정에서 형성된 것으로 알려져 있으며 경주와 포항(흥해읍) 지진으로 일반인들의 많은 관심을 받게 되었다. 흥해읍이 자리한 흥해분지는 양산단층의 동쪽에 자리한 4각형 분지이다.

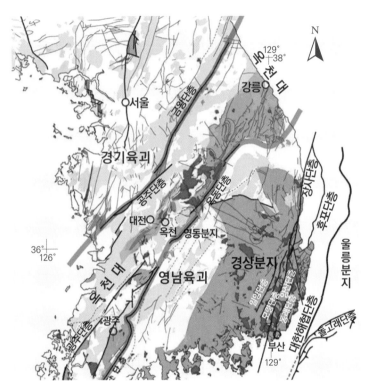

그림 1. 한반도 동남부(포항·경주·울산·부산)의 단층대. 동남부 지역에는 북북동–남남서 방향을 발달한 단층대가 지형발달에 큰 영향을 준다.

포항·경주 인근 주요 단층 현황(2017년)

11월 15일
규모 5.4

포항

2016년 9월 12일
규모 5.8 (본진)

경주

대구

경북

울산

울산단층

밀양

밀양
단층

양산

경남

자인단층

모량단층

일광단층

양산단층

부산

동래단층

〈그림 2〉를 보면 북북동-남남서 방향의 양산단층대를 따라 경주분지, 안강분지, 신광분지가 발달해 있고 단층대 서쪽에 같은 방향의 단층선을 따라 기북, 상옥 등 산간 분지가 그리고 단층대 동쪽에 포항, 흥해, 청하분지가 발달했다. 경북 남동부 지

그림 2. 북북동-남남서 방향의 단층대를 따라 발달한 주요 분지

역의 주요 생활공간인 분지의 발달과 배열이 지각 운동의 영향을 받았다.

단층을 따라 골짜기와 분지가 선상(Lineament)으로 발달한 이유가 뭘까? 단층은 지각이 깨지고 부서진 약한 부분이라 수분 순환이 잘되고 풍화가 빠르게 진행되어 주변보다 먼저 침식이 진행돼 분지와 평야가 만들어진다. 즉 단층선을 따라 차별침식이 일어나 아래 그림처럼 분지들이 선상 배열을 이루게 된 것이다. 사과 표면에 갈라진 상처가 생기면, 상처 부위가 먼저 썩는 것과 같은 이치다. 단층은 지각이 갈라지고 깨진 지각의 상처라고 생각하면 이해하기 쉽다.

신라 천년고도 경주는 양산단층과 울산단층의 교차 지점이라 주변보다 땅이 많이 부서져 약해진 부분이 차별적인 풍화 침식이 진행되어 넓은 분지를 형성하였다. 경주분지는 두 개의 단층이 교차하는 곳이라 지진이 잘 발생 할 수밖에 없다. 삼국사기에는 경주지역의 지진으로 인한 피해가 다수 기록되어 있어 단층이 교차하는 경주의 지형적 특징을 증명한다.

양산단층을 따라 나란히 발달한 신광분지와 흥해분지

비학산(飛鶴山, 761.5m) 정상에서 동쪽을 보고 촬영한 사진으로 바로 앞이 불국사 화강암이 분포하는 신광분지고, 산줄기 넘어가 신생대 제3기 연일층군의 퇴적암이 분포하는 흥해분지다 (그림 3). 신광분지의 물은 비학산 동쪽의 마북리에서 발원한 곡강천과 비학산 서쪽에서 발원한 신광천이 용연저수지 상류에서 합류한 후 동서 방향의 협곡을 통해 흥해분지로 유출된다. 북북동-남남서 방향의 양산단층을 따라 길게 뻗은 신광분지의 북쪽에는 수질이 좋기로 유명한 신광온천이 자리해 있다.

단층선은 지구 내부의 에너지가 순환하는 곳이고, 단층작용으로 암석이 부서져 수분 순환이 잘 되기 때문에 온천과 같은 샘이 잘 형성된다. 온양온천, 도고온천, 마산의 마금산 온천 등은 모두 단층을 따라 발달했다.

그림 3. 양산단층에 자리한 신광분지와 동쪽에 자리한 흥해분지 전경. 두 분지는 신라의 수도 경주와 가깝고 신라가 동해안과 강원도로 진출하는 교두보였다. ▷

흥해분지

용연저수지

성곡저수지

양성단층

경주가 약 천 년 동안 신라 수도로 자리매김했던 지리적인 이유는 아이러니하게도 양산단층과 울산단층이라는 양호한 교통로, 그리고 두 단층선을 따라 발달된 넓은 분지와 곡저평야다. 〈그림 4〉는 경주의 배후지 역할을 했던 안강, 신광, 흥해, 청하, 포항(형산강 삼각주) 그리고 울산단층을 따라 발달한 골짜기와 넓은 곡저평야를 보여주고 있다. 배후지는 신라의 수도였던 경주의 발전에 필요한 인적, 물적 자원을 공급해주는 장소를 말한다.

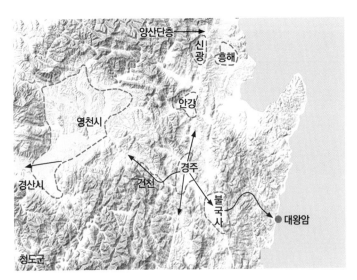

그림 4. 단층선을 따라 형성된 분지(생활공간)와 골짜기(교통로)가 천년 왕국 신라의 버팀목이 되었다.

경주분지에 신라의 수도가 자리할 수 있었던 이유는, 단층선을 따라 발달한 골짜기가 경주와 다른 지역을 연결하는 훌륭한 교통로 역할을 했기 때문이다. 단층이 지진만 일으켜 사람에게 피해만 주는 지형이 아니라는 사실이다. 신광분지와 흥해분지는 북북동-남남서 방향으로 뻗은 양산단층을 따라 발달한 골짜기(교통로)를 통해 직접 연결된다. 경주와 두 분지 사이에 높은 산과 같은 지형적 장애 요소가 있었다면 신라 역사는 우리가 알고 있는 것과 달라졌을 것이다. 포항시 신광분지(신광면)의 냉수리 고분과 냉수리신라비, 흥해분지에서 발견된 중성리신라비와 고

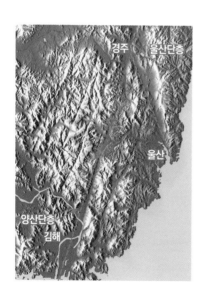

분이 남아 있어, 실제 두 분지가 경주의 주요 배후지였고 신라가 동해안으로 진출하는 교두보였음을 증명하고 있다. 또한, 흥해분지에는 신라 시대 동해안 방어와 진출의 전진기지였던 북미질부성(北彌秩夫城)과 남미질부성(南彌秩夫城)이 세워졌었다.

흥해분지의 지형 구조

흥해읍이 자리한 흥해분지는 동해안 가까이에 발
달해 있으며 그 규모가 상대적으로 큰 편이다. 분지
의 서쪽에는 양산단층을 따라 화강암 침식분지인
신광분지가 자리해 있고, 북쪽에는 동서 방향으로
동해까지 뻗은 청하분지가, 동남쪽에는 영일만이
위치한다. 서쪽의 신광분지와 흥해분지 사이에는
도음산(382.7m)에서 북쪽의 고주산(347.9m)으로 이
어지는 북북동-남남서 방향의 산줄기가 경계를 이
루고 있고, 이 산줄기를 뚫고 흐르는 곡강천 협곡에
둑을 막아 축조된 용연저수지가 자리해 있다. 흥해
분지 가운데로는 동서 방향으로 뻗은 흥해 단층이
발달했다.

흥해분지의 주요 지형 요소는 곡강천과 초곡천
변의 넓은 평야와 해발 100m 이하의 구릉대(낮은
산), 그리고 북쪽 청하면과 경계를 이루고 있는 곤
륜산에서 고주산으로 이어지는 상대적으로 높은 산

포항

지, 서쪽에 자리한 신광분지와 흥해분지의 경계를 이루는 도음
산에서 고주산으로 이어지는 경사가 급하고 해발고도가 가장 높
은 산줄기로 구성된다(그림 5).

그림 5. 흥해분지의 지형구조. 전통 촌락은 대부분 홍수의 위협으로부터 안전한 분지 주변
구릉대와 산록대에 자리했다.

〈그림 6〉은 흥해분지의 북동쪽 산록대와 서쪽 구릉대를 대상으로 작성한 분지 단면도. 급경사를 이루는 분지 주변산지 아래 경사가 완만하고 평야(범람원)보다 해발고도가 상대적으로 높은 산록대와 구릉대가 발달했다. 산록대와 구릉대는 곡강천 범람에 의한 홍수로부터 안전하고 경사가 완만해 농경지 개간이 가능한 지형이라 일찍부터 마을이 형성되었다. 고대 사회와 신라시대에 조성된 고분군이 발견된 곳도 구릉대와 산록대다.

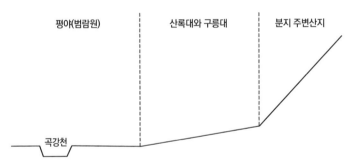

그림 6. 흥해분지 단면도. 분지 주변산지–산록대와 구릉대–평야(범람원)가 하나의 지형 세트를 이룬다.

흥해분지의 곡창 내부 들판

곡강천과 초곡천 변에 발달한 넓은 들판은 흥해분지의 주요 곡창지대다. 일제강점기인 1913년 지도에도 흥해분지 내부의 들판은 대부분 논으로 표시되어 있다. 흥해 중성리에서 발견된 신라시대의 비석을 통해 이 지역 유력자들의 재산분쟁에 신라 왕이 개입해 해결해줄 정도로 흥해 들판이 정치, 경제적으로 매우 중요한 지역이었음을 알 수 있다.

고대부터 흥해가 중요시되었던 지리적인 이유는 농업생산력이 큰 흥해분지 내부의 넓은 들판 때문이다. 인류의 역사와 문명이 발전하고 유지되기 위해 가장 중요한 것은 식량 생산, 즉 인구부양력이다. 역사적으로 살펴보면 식량 공급이 충분할 때 국가 사회가 번영을 누렸지만, 식량이 부족해져 인구를 충분히 부양할 수 없을 때 국가 사회는 무너졌다. 인구부양력의 핵심인 식량을 생산할 수 있는 넓은 평야는 흥해분지의 가장 중요한 지리적인 요소다.

신라시대 이전의 고대 사회부터 마을이 자리한 구릉대와 산록대

흥해읍 옥성리와 마산리, 남성리의 구릉대에서는 기원전 1C에서 기원후 2C에 이르는 이른 시기에 조성된 수 백기의 목관묘와 목곽묘가 발굴되었다. 고대 사회에서 조성된 고분군은 구릉

그림 7. 구릉대와 마을. 흥해분지 서쪽 구릉대와 평야가
만나는 지점에 마을이 자리했고, 마을들을 연결하는
도로가 지난다. (사진제공 김석용)

과 평야가 만나는 지점에 큰 규모의 정치세력이 자리했던 흔적
이다. 학자에 따라 사로국에 정복당한 다벌국이나, 음즙벌국으
로 추정하기도 한다.

분지 주변에 발달한 해발 100m 이하의 구릉대는 초곡천과
곡강천의 범람으로부터 안전한 공간이라 전통 촌락은 이곳에 자
리한 경우가 많다(그림 7). 흥해읍도 흥해분지의 형성과정에서

구 릉 대

양백리

용곡리

평 야 지 대

남아 있는 구릉을 중심으로 자리했다. 흥해분지의 전통 촌락은 구릉대와 들판이 만나는 지점이나 구릉대 사이에 발달한 작은 골짜기에 주로 자리했다. 신라시대 세워진 남미질부성도 도음산에서 흥해분지 중심부로 뻗은 구릉인 망창산을 중심으로 축성되었다.

현재 흥해 초곡지구 아파트단지, 포항 KTX 역사 부근에 건설되고 있는 대규모 아파트단지도 모두 구릉대에 부지를 조성했다.

포항과 흥해 사이의 구릉대에는 포항 법원과 검찰청이 들어섰고, 장성동과 양덕동 일대는 포항시가지의 확장에 따른 주택 수요를 충족시키기 위해 대규모 아파트단지를 중심으로 신시가지

가 들어서 있다. 높고 험준한 산이었다면 이런 신시가지를 조성할 수 없다.

흥해분지 동쪽 급경사의 산지 아래 발달한 산록대를 중심으로 흥안리, 금장리 마을이 자리했다. 분지 주변 산지와 평야 중간에 자리한 산록대는 위에서 기술한 대로 홍수와 범람으로부터 안전해 거주에 유리하다(그림 8).

그림 8. 분지 동쪽 산지 아래 발달한 산록대와 마을. (사진제공 김석용)

자연적 방어선을 이루는 분지 주변 산지

곡강천 하류에 자리한 서원산과 곤륜산에서 고주산으로 이어지는 동서 방향의 산줄기는 분지 내부의 구릉대 보다 경사가 급하고, 상대적으로 해발고도가 높아 북쪽에 자리한 청하면과 자연적 경계를 이룬다. 이 산줄기에는 흥해에서 청하로 넘어가는 고개인 별래재가 자리해 있다.

도음산에서 고주산으로 이어지는 남북 방향의 산줄기는 신광분지와 흥해분지의 자연적 경계를 이룬다. 흥해분지와 주변의 경계를 이루는 이들 산지는 적이 침입했을 때, 적을 방어하는 자연 방어선이 된다. 흥해분지의 출입구라고 할 수 있는 곳은 북쪽의 별래재, 서쪽은 신광분지와 흥해분지 사이의 좁은 골짜기, 남쪽은 현재의 포항 시내로 이어지는 우현 고개와 경주로 이어지는 달전리다. 동쪽은 곡강이 동해로 나가는 협곡 구간이라, 유사시 이들 출입구만 잘 방어하면 적의 침입을 조기에 차단할 수도 있다.

신라의 수도였던 경주, 고려의 수도였던 개성, 조선의 수도였던 한양은 모두 방어에 유리한 분지에 자리했다. 산으로 둘러싸인 분지는 방어에 유리하고, 분지 내부의 평야에서 식량을 생산할 수 있는 농업생산력까지 겸비한 지형이라 일찍부터 사람들이 거주했다. 흥해의 역사가 일찍부터 시작돼 현재까지 이어져 오는 것도 산지가 많은 동해안에서 흥해분지가 많은 사람이 거주할 수 있는 분지 지형을 이루고 있기 때문이다.

1 암석 간의 차별침식으로 형성된 흥해분지

역사, 문화 이야기에 왜 갑자기 돌(암석)이 나왔을까? 흥해분지 일대에 분포하는 신생대 제3기 층의 연약한 떡돌은 건축재료로 사용할 수 없다. 흥해읍성을 쌓은 단단한 돌은 다른 곳에서 운반해 왔다는 사실이다. 연약한 신생대 제3기층은 쉽게 풍화되어 곡강천에 많은 토사를 공급하기 때문에, 장마철에 곡강천의 홍수를 초래할 수 있다. 이처럼 땅속에 어떤 돌이 분포하는가는 사람의 생활에 큰 영향을 끼친다.

암석 분포로 본 흥해분지는 서쪽과 동쪽, 북쪽의 높은 산지를 이루고 있는 중생대 백악기의 단단한 암석(화강암, 경상계퇴적암, 석영반암)과 상대적으로 연약한 신생대 제3기 연일층군 사이의 차별침식으로 형성되었다. 포항지역은 신생대 제3기에 퇴적이 활발했던 포항분지를 이뤘던 곳으로 오래된 지각이 주로 분포하는 우리나라에서는 드물게 젊은 암석인 신생대 제3기 층이 분포하고 있다. 젊은 암석이라 1970년대 석유 시추도 이루어졌다.

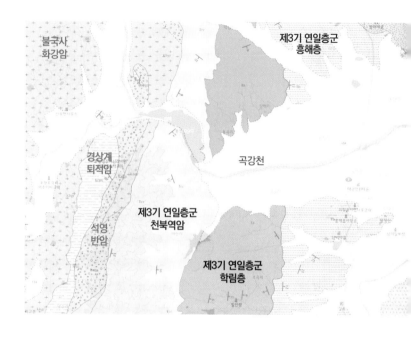

위 지질도에서 청색 글씨는 중생대 백악기 암석이고, 검은색 글씨는 신생대 제3기 연일층군, 옅은 노란색은 신생대 제4기 충적층을 나타낸 것이다. 흥해분지 일대는 주로 신생대 제3기 연일층군의 떡돌이 분포하고 있다(그림 9).

흥해 일대의 신생대 제3기 층은 암석화가 덜 되어있는 관계로 쉽게 풍화되고 침식되기 때문에 주로 낮은 구릉을 이루고 있

화산암

초곡천

제3기
연일층군
이동층

그림 9.
흥해분지의 암석분포. 청색 글씨는 중생대, 흑색 글씨는 신생대 신제3기의
떡돌, 적색 글씨는 신생대 고제3기의 암석이다.

다. 신생대 신제3기 층의 퇴적암을 이루는 니암(泥岩)은 이 지역
사람들이 '떡돌'이라고 부르는데 강도가 매우 약하고 층리와 절
리가 조밀하게 발달해 있어 풍화 침식에 약하다. 이런 곳에 지열
발전을 건설해 인위적인 지진을 초래했으니 그 피해가 매우 심
할 수밖에 없었다. 비슷한 강도의 지진이 발생했을 때 화강암처
럼 단단한 암석이 분포하는 지역은 피해가 작지만, 신생대 제3
기 층처럼 연약한 암석으로 이루진 지역은 피해가 증폭된다.

① 암석 차에 따른 흥해분지 지형 경관

〈그림 10〉은 흥해분지 서쪽 산록에서 드론으로 촬영한 사진으로, 분지의 동쪽 경계를 이루는 신생대 제3기 화산암이 분포하는 서원산(116.1m), 곤륜산(176.9m), 구곡산(118.6m)은 상대적으로 해발고도가 높고 바위가 노출된 급경사의 산 사면을 이루고 있지만 분지 남쪽 경계를 이루고 있는 신생대 제3기 연일층군이 분포하는 지역은 해발 60~80m 정도로 상대적으로 고도가 낮고 평탄한 구릉을 이루고 있다. 두 암석이 분포하는 산지의 해발고도 차가 크다고 할 수는 없지만, 산지의 형태는 두 암석 간 대조적인 모습을 보인다. 분지 내부의 들판은 제3기 층 위에 하천이 운반한 신생대 제4기의 충적층이 덮여있다.

상대적으로 경사가 급하고 해발고도가 높은 화산암 산은 흥해분지를 침략해오는 외적을 방어하는 거점으로 이용되었다. 신라시대 축성된 북미질부성은 화산암이 분포하는 낙수봉에 자리해 있다.

그림 10. 암석 차에 따른 지형 경관. 풍화와 침식에 강한 화산암은 경사가 급하고 상대적으로 고도가 높은 산을 이루고 있다. (사진제공 김석용)

그림 11. 신생대 제3기 연일층군의 단면(2019년 촬영). 도로공사 후 시멘트를 발라 현재 이 단면은 볼 수 없다.

② 많은 토사를 공급하는 신생대 신 제3기 퇴적암

신광분지와 흥해분지의 경계를 이루는 북북동-남남서 방향 산지를 동서로 자르고 발달한 협곡에 자리한 신생대 제3기 퇴적층의 모습으로 퇴적층 전체가 동쪽으로 기울어져 있으며, 손으로 긁어도 떨어져 나올 정도로 풍화가 진행되었다. 퇴적의 역사가 짧아 단단한 암석으로 굳어지지 못한 상태에서 풍화가 진행되고 있는 것으로 보인다(그림 11).

천북역암층의 역들은 대부분 각력으로 이루어져 있어 흥해지역이 퇴적분지였던 시절 가까운 곳에서 운반된 홍수성 물질들이

그림 12. 풍화된 천북역암층 단면. 퇴적층을 이루는 역(자갈)이 심하게 풍화되어 손톱으로 긁어도 부스러진다.

퇴적되었던 것으로 보인다(그림 12). 만약 먼 거리를 이동했다면 역이 어느 정도 원마(圓磨, Roundness)가 되었을 것이다. 역과 역 사이를 채우고 있는 매트릭스 물질뿐만 아니라 역 자체도 손톱으로 긁어도 부서질 정도로 심하게 풍화되어 있어 약한 유수에도 쉽게 침식이 진행되기 때문에 이곳을 유역 분지로 하는 곡강천에 많은 풍화 물질이 공급될 것이다. 현재보다 연평균 기온이 6℃ 낮아 물리적(기계적) 풍화가 활발하고 식생이 빈약했던 빙기 때에는 현재보다 훨씬 대량의 풍화물이 곡강천으로 공급되었을 것이고, 곡강천이 범람하며 흥해분지에 퇴적되어 평탄한 흥해 들판(범람원과 하안단구)을 이루게 되었다.

신생대 신제3기 흥해층은 연갈색 셰일 및 이암, 역암이 협재되어 있으며 암석화가 진행되지 못해 돌도 아니고 흙도 아닌 상태로 흥해 사람들은 떡돌이라 부른다. 퇴적암의 층리와 함께 절리가 매우 치밀하게 발달해 있어, 절개했을 경우 절개면은 아주 쉽게 무너져 내리기 때문에 식생이 정착하기 어렵다(그림 13). 이런 상태의 절개면은 장마철의 집중호우에 쉽게 침식되기 때문에 이런 곳을 유역 분지로 하는 하천은 다량의 풍화물 공급과 퇴적으로 하상이 높아져 집중 호우시 자주 범람하게 된다.

진흙이 퇴적되고 굳어서 된 이암(泥巖)이지만 암석화가 되지 않아 손으로도 떼어지며 사진에서처럼 갈라진 틈을 따라 쉽게 풍화가 진행되어 절개면 아래에 대량의 풍화물이 쌓여있는 모습

그림 13. 흥해층의 단면과 풍화물. 진흙이 쌓여 굳어서 형성된 이암층이다. 절개면 아래 부서져 내린 이암 풍화물이 대량으로 쌓여있다.

이다. 이렇게 쉽게 부스러지기 때문에 절개 면은 몇 년이 지나도 식생이 자라지 못하고 사진과 같은 상태를 보이는 경우가 대부분이다. 식생이 빈약했던 빙기의 기후 하에서 사진처럼 생성된 막대한 풍화물이 하천으로 공급되었을 것으로 추정된다. 신생대 제3기 층을 유역 분지로 하는 곡강천은 다른 하천과 달리 유량 대비 풍화물의 공급이 많은 것으로 보인다.

③ 곡강천 하류의 협곡을 이루는 화산암

홍해분지를 흐르는 곡강천은 하류 부근에 이르러 신생대 제3기 화산암으로 이루어진 서원산, 남산, 곤륜산 사이의 좁은 협곡을 곡류하며 통과해 동해로 유출된다(그림 14).

그림 14. 곡강천 협곡의 절벽. 단단한 화산암이 분포하는 곡강천 하류의 협곡(峽谷)에 절벽이 발달했다.

　화산암은 풍화에 매우 강한 암석이라, 곡강천 하류는 암벽으로 이루어진 좁은 협곡을 이루고 있어, 넓은 평야와 고도가 낮고 평탄한 구릉을 이루고 있는 제3기 층이 분포하는 흥해분지 내부 지역과 뚜렷이 구별되는 지형 경관을 보인다. 협곡을 이루는 화산암은 수직절리가 촘촘히 발달한 구조적 특징으로 인해 건축재인 돌을 캐내는 채석장이 자리했었다.

그림 15. 협곡 절벽의 수직절리

방어벽으로 이용된 화산암 수직 절벽

직벽을 이루고 있으며 무등산 서석대의 주상절리처럼 수직절리로 구획되어 있다(그림 15). 절벽 바로 앞으로 곡강천이 흐르는 급사면에는 식생의 피복이 불량하고 암벽의 노출이 심하다. 북미질부성은 이런 화산암 절벽으로 둘러싸인 낙수봉 능선에 세워진 천연의 요새였다. 풍화와 침식에 약한 신생대 제3기 층의 떡

돌이 분포하는 곳이라면 이런 수직 절벽은 형성되기 어렵다. 흥
해분지는 암석 차에 따른 지형 차이가 명확하게 드러난다.

급경사의 돌산을 이루는 곤륜산은 활공장이 있다.

곤륜산은 곡강천의 하구에 자리한 칠포해수욕장 뒷산으로 급
경사의 사면을 이루고 있으며 곳곳에 암벽이 노출되어 있고, 척
박한 땅에도 잘 자라는 소나무로 덮여있다(그림 16). 풍화와 침식

그림 16. 곤륜산. 바위가 노출된 급경사의 전형적인 화산암 산을 이룬다.

에 강한 화산암이 분포하는 서원산, 남산, 곤륜산은 해발고도가 176.9m이고 곳곳에 바위가 노출된 급경사의 돌산을 이룬다.

이런 지형적 특징을 이용해 곤륜산에는 패러글라이딩 활공장이 조성되어 있다. 곤륜산은 사방이 급경사라 올라가기는 힘들지만, 정상에서 패러글라이딩 활공비행을 하기에 알맞은 지형을 이루고 있다. 풍화와 침식에 약한 신생대 제3기 층이 분포했다면 패러글라이딩 활공장 건설은 불가능했을 것이다.

유량 변동이 큰 곡강천과 북천수

홍해분지 가운데를 동서로 흐르는 곡강천의 유역면적은 158.7 ㎢이고, 유로 연장은 25.2㎞로 포항지역에서는 형산강 다음으로 큰 하천이다. 곡강천은 비학산의 북동쪽에 자리한 신광면 마북리 골짜기에서 발원하여 남쪽으로 흐르다 용연저수지 상류에서 신광천과 합류한다. 동쪽으로 흐르던 곡강천은 서원산 앞에서 흥해분지 남쪽을 흘러온 초곡천과 합류한 후 화산암으로 이루어진 서원산, 곤륜산 사이의 좁은 협곡을 통과해 동해로 유입된다. 곡강천 유역은 행정구역상 포항시 북구 신광면과 흥해읍에 해당한다.

우리나라는 여름철 강수량이 연 강수량의 50%가 넘을 정도로 계절적인 강수 편차가 크기 때문에 우리나라 대부분의 하천은 유량 변동이 매우 크다. 흥해분지를 동서로 관통하는 곡강천 역시 계절적인 강수 편차, 깔때기 모양의 유로 형태, 좁은 유역면적, 제3기 층에서 공급되는 다량의 풍화물 등으로 인해 유량 변동이 심하고, 여름철 잦은 범람으로 흥해분지의 농경지에 잦은 홍수 피해를 일으켰다. 곡강천의 범람으로 인한 농경지 유실과 가옥 침수 등을 해결하기 위해 조선 후기 흥해 군수에 의해 북천수라는 홍수방지림을 조성해 현재에 이르고 있다.

❶ 흥해의 기후와 곡강천

〈그림 17〉은 6~9월 사이에 연 강수량의 절반 이상이 집중되는 흥해분지의 기후자료다. 연 강수량의 절반 이상이 6~9월에 내리기 때문에 여름철 홍수가 자주 발생할 수밖에 없다. 흥해분지의 주요 하천인 곡강천처럼 유역면적이 좁고 길이가 짧은 하천은 유량 변동이 매우 심하다. 기후적인 요인까지 겹쳐 곡강천은 용연 저수지가 축조되기 전까지 잦은 범람으로 큰 홍수를 초래해 흥해지역 농민들에게 큰 피해를 입혔다. 남부지방에 자리한 포항지역은 동해안 중에서도 강수량이 상대적으로 적은 편에 속하며, 우리나라 연평균 강수량 1,200mm보다 적은 소우 지역이다.

	1월	2월	3월	4월	5월	6월
평균 기온(℃)	1.2	3.2	7.3	12.9	17.6	21.1
최소 온도(℃)	-3.1	-1.1	2.6	7.9	12.5	16.9
최고 온도(℃)	5.5	7.6	12.1	17.9	22.8	25.4
강수량(mm)	29	46	57	83	75	119
	7월	8월	9월	10월	11월	12월
평균 기온(℃)	25	25.7	21.4	16	9.8	4.2
최소 온도(℃)	21.3	22.1	17.6	11.2	5.2	-0.3
최고 온도(℃)	28.7	29.3	25.2	20.8	14.5	8.7
강수량(mm)	174	180	145	58	58	31

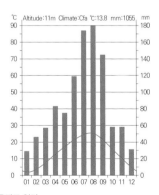

그림 17. 흥해의 기후도표. 여름철에 강수량이 집중되고 있다.

평상시의 곡강천

사진 오른쪽의 잔디밭은 흥해읍 게이트볼장으로 상류 쪽을 보고 촬영한 것이다. 곡강천은 장마철이나 집중호우가 내린 경우가 아니면 연중 이렇게 건천(乾川)을 이루고 있다. 하상은 상류에서 공급된 자갈이 퇴적되어 수심도 매우 얕아, 곡강천의 유량이

조금만 증가해도 범람할 위험을 안고 있지만 현재는 상류에 용연저수지가 축조되어 있어 홍수가 적절히 통제되고 있다. 암석분포에서 설명한 것처럼 신생대 제3기층의 퇴적암에서 많은 양의 토사가 공급되고 있음을 곡강천 하상에 쌓여있는 자갈과 모래를 통해 알 수 있다(그림 18).

그림 18.
건천을 이루는 곡강천. 하천수는 두꺼운 자갈층 아래로 복류 한다.

장마철의 곡강천 (2019. 7. 21.)

〈그림 19〉는 장맛비가 내려 유량이 증가한 곡강천의 모습이다. 하룻밤 사이에 내린 강수량에 의해 평소 거의 물이 흐르지 않아 건천(乾川)을 이루던 곡강천의 유량이 크게 증가한 모습이다. 하상에 퇴적물이 쌓여 수심이 깊지 않기 때문에 상류지역에서 유입되는 물의 양이 조금만 늘어도 사진과 같은 모습이다. 양쪽에 제방이 없던 조선시대에는 곡강천의 물이 쉽게 범람했었음을 짐작할 수 있다.

그림 19. 장마철 유량이 증가한 곡강천

2019. 7. 27의 곡강천

장맛비가 내린 후 불과 6일 만에 하상에 퇴적된 자갈이 드러난 모습이다. 장맛비로 불어났던 유량이 급속하게 줄어들어 하상(하천 바닥)이 노출되어 있다(그림 20). 아래쪽에 보(洑)가 없다면 사진에 보이는 물도 하상의 자갈층 아래로 복류(伏流)하기 때문에 자갈이 쌓인 하천 바닥만 노출되었을 것이다.

강수량에 따라 곡강천의 유량 변동이 매우 심하다는 사실을 이 사진을 통해 알 수 있다. 곡강천 같이 유량 변동이 심한 하천은 강수량이 조금만 부족해도 바로 가뭄으로 이어질 수 있다.

그림 20. 비가 그치고 6일 후 유량이 줄어든 곡강천

흥해분지의 농업용수 공급과 홍수 조절을 담당하는 용연저수지

1961년 신광분지와 흥해분지의 경계를 이루는 산지 사이의 협곡을 막아 축조된 저수지로 제방길이 203m, 제방 높이 21m, 몽리면적(蒙利) 1283.7ha, 계획저수량 696만 1,000톤으로, 포항에서 가장 큰 저수지 중 하나다(그림 21). 2014년부터 저수지

그림 21. 흥해분지와 신광분지를 연결하는 협곡에 자리한 용연저수지

제방을 댐식으로 다시 건설하여 무너미와 배수구를 개량해 장마, 태풍으로 인한 집중호우 때 저수지의 방류량을 적절히 조절할 수 있는 능력을 갖추게 되어 신광과 흥해분지의 홍수 피해를 줄일 수 있게 되었다.

❷ 곡강천 유로의 지형적 특징

　곡강천(曲江川)의 한자 뜻을 풀이하면 구불구불 굽이쳐 흐르는 하천이란 뜻이다. 그러나 발원지인 마북리에서부터 신광분지와 흥해분지를 흐르는 곡강천 유로에서는 곡류천의 모습을 찾을 수 없다(그림 22).

조선시대 곡강은 현재 산지 사이의 좁은 협곡을 굽이쳐 흐르는 곡강천의 최하류 구간의 이름이다. 신광면 마북리에서 흘러오는 현재의 곡강천은 흥해읍의 북쪽을 흐른다고 하여 북천(北川)이라고 불렀고, 현재의 초곡천은 흥해읍의 남쪽을 흐른다고 해서 남천(南川)이라고 불렀다. 북천(곡강천)과 남천(초곡천)이 서원산 앞에서 합류해 동해로 빠져나가는 최하류 곡류 구간이 곡강이다. 지리적인 입장에서는 조선시대 북천과 남천이 합쳐진 구간을 곡강이라고 부른 것이 훨씬 타당하고 여겨진다. 북천의 홍수를 방지하기 위해 조성한 숲이라 북천수라고 부른 것이다. 지명은 시대의 변화에 따라 바뀌는 것이 현실이지만 하천, 산지, 평야와 같은 지형의 명칭은 지리적 상황에 맞게 붙이는 것이 타당해 보인다.

서원산

그림 22.
곡강천 최하류 곡류 구간 전경. 곡강이라는 이름답게 산지 사이를 뱀처럼 구불거리며 흘러가고 있다.
(사진제공 김석용)

곡강천의 하류 구간처럼 하천이 산지 사이를 뱀이 기어가듯이 구불구불 흐르는 것을 감입곡류라고 한다. 산지 사이를 곡류하는 감입곡류는 우리나라 주요 하천인 한강, 금강, 낙동강의 상류지역에서 잘 나타나는 지형이다. 강원도 영월의 동강은 감입곡류가 아름다운 경치를 이루고 있어 전국적으로 널리 알려져 있다.

그런데 흥해의 곡강천은 곡류 구간이 상류가 아니라 바다로 유입하기 바로 전인 최하류 구간에서 나타나는 점이 특이하다. 곡강천 하류 곡류 구간의 경치가 아름다워 조선시대 문인들이 많은 시를 지었고, 곡강이 시작되는 서원산 서쪽 산록에 곡강서원이 자리했던 것으로 보인다. 조선시대 대부분의 서원은 산 좋고 물 맑은 곳에 세워졌다. 학문과 미술, 음악, 음식도 지리적인 조건의 영향을 받는다는 사실을 알 수 있다.

곡강천 유로의 구조적 특징과 잦은 범람

〈그림 23〉은 곡강천이 신광분지와 흥해분지 사이의 협곡 구간에서 유속이 빨라졌다 흥해분지와 만나는 협곡의 입구에서 유속이 급격히 느려지는 이유를 설명한 것이다. 신광분지의 빗물이 모여 곡강천의 유량이 증가하게 되면 많은 양의 물이 한꺼번에 좁은 협곡 구간을 통과하기 때문에 유속이 빨라질 수밖에 없고, 넓은 흥해분지를 만난 곡강천의 유속은 급격히 감소할 수밖

그림 23. 곡강천 유로의 깔때기 모양 지형구조. 넓은 두 분지 사이에 자리한 좁은 협곡 구간

에 없는 지형 구조를 이루고 있다.

협곡 구간을 빠져나온 곡강천은 흥해분지와 만나면서 유로 폭
이 급격히 넓어져 유속이 갑자기 느려지게 되고, 운반하던 토사
가 곡강천 하상에 퇴적된다. 하천의 유속이 빠르면 많은 양의 토
사를 운반할 수 있으나 유속이 느려지면 하천의 운반력이 약해
져 토사가 퇴적된다. 토사의 퇴적으로 수심이 얕아진 곡강천은

강수량이 많은 장마철에는 수시로 범람하게 된다. 분지와 분지 사이의 좁은 협곡 구간을 통과하는 곡강천 유로의 지형적인 특징으로 인해 다른 하천에 비해 자주 범람할 수밖에 없다. 특히 협곡 출구에서 가까운 곳에 자리한 북송리가 범람으로 인한 피해를 가장 많이 받게 되고, 동쪽에 자리한 흥해읍도 범람으로 인한 피해가 발생하게 된다. 북천수라는 홍수방지림이 북송리가 자리한 곡강천 구간에 조성된 것도 곡강천 유로의 지형적인 특징 때문이다.

〈그림 24〉는 일제강점기인 1918년 지도자료로, 사람에 의해 인위적인 변화가 거의 없었던 곡강천으로 조선시대 자연 하천과

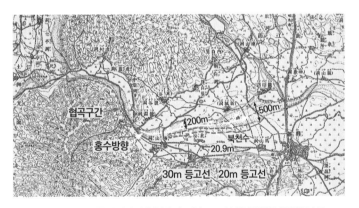

그림 24. 북천수와 곡강천의 범람 방향(화살표). 해발고도가 낮은 곡강천 남쪽의 북송동, 흥해읍 방향으로 범람하는 것을 막기 위해 북천수를 조성했다.

비슷하다고 볼 수 있다. 지도에 표시된 곡강천은 인공제방이 없는 자연 상태의 하천으로 하상에 모래와 자갈이 퇴적되어 있고, 하천의 폭이 가장 넓은 용전동(리) 앞은 무려 500m, 북송동(리) 지점도 200m가 넘는다. 현재 인공제방으로 유로가 변형된 곡강천은 북송동과 용전동 모두에서 하천 폭이 120m를 조금 넘는다.

협곡 구간을 빠른 속도로 흘러온 곡강천이 넓은 흥해 들판을 만나 유속이 급속하게 감소해, 운반하던 토사가 하상에 퇴적되어 수심은 얕고 폭이 넓은 하천을 이루게 되었다. 이런 상태의 하천은 상류 지역에 많은 비가 내려 유량이 증가하면 주변 들판으로 쉽게 범람한다. 조선시대 자연 상태의 곡강천은 잦은 범람으로 흥해분지 주민들에게 큰 고통을 주었던 것이다.

지형 구조상 곡강천의 범람은 남쪽에 자리한 북송동과 흥해읍 방향으로 발생한다. 일제강점기 지도의 30m와 20m 등고선 분포를 보면 북송동과 흥해읍이 자리한 곡강천 남쪽이 해발고도가 낮다. 그래서 조선시대 홍수방지림인 북천수를 곡강천 남쪽에 자리한 북송동(북송리)에 조성했다. 위에서 설명한 곡강천의 지형적인 특징을 조선시대 흥해 주민들도 잘 알고 있었기에 북천수 조성이라는 대역사를 통해 홍수 피해를 막으려고 했던 것이다.

그림 25. 홍수방지림 북천수 전경. (사진제공 김석용)

수(藪)는 조선시대 숲이나 덤불을 지칭하는 용어로 현재는 사용되지 않고 있다. 북천수는 곡강천의 지형적 특징과 여름에 집중되는 강수의 특성이 결합되어 발생하는 잦은 범람 피해를 방지하기 위해 조성된 인공 숲이다.

협곡을 빠져나온 곡강천이 범람하는 위치가 사진의 북천수가 자리한 부분이다(그림 25). 일제강점기 지도에서 설명한 대로 인공제방이 없고 자연 상태의 하천이었던 곡강천은 현재보다 더 넓었고 범람으로 인한 피해 범위도 현재보다 컸다. 곡강천 남쪽 북송리에 제방을 쌓고 숲을 조성함으로써 흥해읍과 북송리 지역은 범람의 위협에서 벗어나게 되었다. 북천수 오른쪽에 보이는 소나무 숲은 도음산에서 흥해읍까지 이어지는 구릉대다. 조선시대 사람들은 풍수적으로 도음산에서 흥해읍까지 뻗어 내린 구릉이 지기(地氣)를 이어주는 중요한 지형으로 생각해, 곡강천의 홍수에 따른 침식으로부터 보호하려고 했던 것 같다. 북천수 조성은 홍수 방지와 지맥의 보호라는 두 가지 목적을 달성하기 위해 조성되었다.

북천수 조성의 역사

"조선 철종 때 흥해군수 이득강(興海郡守 李得江)이 읍성과 흥해의 진산인 도음산(禱陰山, 383.2m)의 맥을 보호하고 북천(北川)에 둑이 없어 장마만 지면 수해가 나는 것을 보고 군민을 동원하여 북천에 제방을 쌓고 4리에 뻗친 북천수를 조성하였다"고 기록된 것으로 보아 흥해읍의 수해 방지와 바람막이 역할을 하고, 풍수상 흥해읍의 진산인 도음산의 맥을 보호하기 위하여 인위적으로 조성된 유서 깊은 숲이다. 문화재청은 북천수가 가지고 있는 역사성, 수해 방지 등의 기능 등을 고려하여 북천수를 천연기념물로 지정하였다. 〈그림 26〉은 영일민속박물관(흥해군 동헌)에 있는 군수 이득강 유적비이다(군수이공득강북천수유적비).

그림 26. 이득강 공덕비

고지도 속 북천수(872년 지방도 흥해군 지도)

흥해분지와 주변 산지가 오늘날의 입체지도처럼 회화(繪畫, 그림)적으로 표시된 지도로 흥해읍의 북쪽을 흐르는 곡강천 변에 홍수방지림인 북천수가 뚜렷하게 표시되어 있다(그림 27). 흥해분지의 하천도 위에서 설명한 대로 읍성을 중심으로 남쪽을 흐르는 남천(초곡천)과 북천(곡강천)이 합류한 후 곡강(曲江)이라 되어있다.

그림 27. 1872년 지방도(규10512) – 흥해군지도. ▷

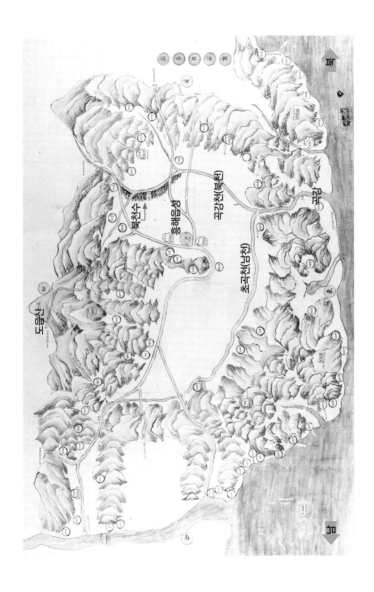

북천수

북천

흥해읍성

곡강천(북천)

곡강

초곡천(남천)

도음산

일제의 북천수 훼손과 자연 복원

조선 철종 때 흥해군수 이득강이 조성한 북천수는 폭 50m에 10리에 걸쳐 나무가 심어져 있었다. 140년 동안 우람한 거목으로 자라나 하늘을 덮고 철새들이 서식하는 장관을 이루었으나 현재 북천수의 소나무 수령은 60~70년생이 대부분이다. 일제 말기 태평양전쟁을 벌였던 일제가 북천수의 소나무도 전쟁물자 공출(供出) 대상으로 지정해 모두 베어져 훼손되었다가 솔 씨가 자라나 복원되어 현재에 이르고 있다(그림 28). 우리 땅 곳곳에 일제 식민지 지배의 아픔이 배어있지 않은 곳이 있을까?

그림 28. 북천수. 서쪽에서 동쪽(곡강천 하류 방향)을 보고 촬영.

북천수

북천수 오른쪽을 따라 도로가 뻗어있고 도로 옆 곡강천(북천)의 범람원에는 농경지와 북송리 마을이 자리해 있다(그림 29).

북천수 조성을 통해 여름철 장마, 태풍 등으로 많은 비가 내려 곡강천의 유량이 증가해도 북송리와 흥해읍이 홍수의 피해로부터 안전해졌다. 북천수 오른쪽은 북송리 일대의 농경지로, 범람원이라는 지형이며 주로 논으로 이용되고 있다.

그림 29. 북천수와 농경지. 사진 왼쪽 북천수 옆에 곡강천이 흐르고 있다.

그림 30. 북천수와 산책로

북천수와 북송정중수비

현재의 곡강천은 인공제방과 협곡에 건설된 용연저수지가 홍수를 조절하고 있어 북천수는 홍수방지림의 기능보다는 흥해 주민들의 휴식공간으로 이용되고 있다. 1908년 후손들에게 북천수의 중요성을 전하기 위해 북송정중수비(北松亭碑重修碑)를 세웠다.

북송정비중수비에 따르면 북천수에는 많은 사람이 즐겨 찾던 송정(松亭)이라는 정자가 세워져 있었고, 정자 아래 비석을 세웠

그림 31. 하천 퇴적물. 자갈과 모래가 뒤섞여있는 홍수성 퇴적물이다.

던 것으로 보인다. 현재 북송정중수비는 찾을 수 없다.

곡강천 범람원 위에 조성된 북천수

〈그림 31〉은 북천수를 이루고 있는 소나무 주변의 하천 퇴적물을 촬영한 것으로 모래부터 굵은 역까지 물질의 크기가 매우 다양함을 알 수 있다. 이 퇴적물을 통해 북천수가 과거 곡강천이 범람해 토사가 퇴적된 범람원 위에 조성되었음을 알 수 있다.

흥해분지의 역사와 읍성에 대해

삼국시대에는 퇴화군(退火郡), 통일신라시대인 경덕왕 16년(757)에는 의창군(義昌郡)으로 개칭하고, 고려 태조 13년(930)에는 흥해군(興海郡)으로 개명하였다. 고려 현종 9년(1018년) 흥해군은 경주부에 내속되었다가 조선시대인 1895년에는 동래부에 내속되었다. 일제강점기에 들어서면서 흥해군은 분면(分面)되고, 흥해면은 의창읍으로, 다시 흥해읍으로 개칭되었다가 1995년 포항시에 편입되기에 이른다. 흥해라는 지명이 고려 태조 때 나왔으니 1,000여 년의 역사를 이어오고 있다.

오랜 역사를 이어온 흥해읍에는 신라시대 남하하는 고구려와 동해안으로 침입하는 외적을 방어하기 위해 쌓은 남미질부성과 북미질부성, 고려말부터 조선시대까지 흥해군의 치소(읍사무소)가 자리했던 흥해읍성이 남아 있다 (그림 32).

그림 32. 흥해분지의 오랜 역사를 보여주는 유적의 공간분포. 신라시대의 성과 고려와 조선시대를 거쳐온 읍성이 흥해분지에 자리해 있다. (사진제공 김석용)

흥해분지는 신광, 안강, 경주로 이어지는 양산단층대에 발달한 골짜기와 평야를 따라 신라의 수도인 경주와 교통이 편리하고, 농업생산력이 큰 지리적 요충지라 신라시대부터 군이 설치되었다. 흥해읍에서 발견된 신라중성리비는 흥해분지가 고대 신라의 정치, 경제, 군사적 요충지였다는 사실을 말해 주고 있다.

흥해분지는 동해안을 따라 북쪽과 바다에서 신라로 침입하는 적을 방어하는 군사적 요충지기도 했다. 흥해지역이 적에게 함락되면 양산단층대를 따라 발달한 골짜기와 넓은 평야를 따라 곧바로 신라 수도 경주로 침입할 수 있다. 그래서 수도 경주의 방어를 위해 신라시대 흥해분지에 남미질부성과 북미질부성을 축조했다.

두 성이 축조된 5세기 말 6세기 초 고구려, 신라, 백제 삼국의 상호 관계를 파악할 필요가 있다. 고구려의 광개토대왕이 신라에 침입한 왜를 격퇴한 5세기 초 이래 신라와 고구려는 우호 관계 속에 고구려의 세력이 한반도 남부지역까지 확장되었다.

광개토대왕의 뒤를 이은 장수왕은 수도를 평양으로 옮기고 한반도 남쪽으로 영토를 확장하는 남진 정책을 추진하게 된다. 장수왕의 남진 정책으로 백제는 수도 위례성이 함락되면서 고구려에게 한강 유역을 내주고 웅진(공주)으로 수도를 옮기게 된다. 고구려의 남진 정책에 맞서 신라와 백제는 나제동맹을 체결해 대항하게 되었다.

장수왕 때인 5세기 말, 고구려의 영토는 아산만에서 영일만을 연결하는 선으로 경상북도 내륙지역까지 고구려의 군현이 설치되었다. 포항시 청하면에 고구려의 아혜현이 설치된 것이 바로 이 무렵이다(그림 33). 청하는 고구려의 남방한계선에 자리한 전략적 요충지였다. 청하는 흥해분지보다 규모는 작지만, 산지가 해안까지 뻗어 넓은 평야가 드문 동해안에 상대적으로 규모가 큰 평야가 발달한 작은 분지라 많은 인구가 모여 살 수 있어, 고구려의 현이 설치되었다.

청하에는 고구려의 아혜현이 설치되고, 청하와 경계선에 자리한 흥해분지는 신라와 고구려가 대치하는 최전선이 되었다. 이런 시대적 상황에서 신라는 고구려의 남진을 저지하고 동해와 북방으로 나가는 교두보를 확보하기 위해 남미질부성과 북미질부성을 쌓았다.

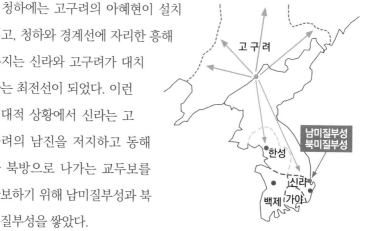

그림 33. 6세기 초 3국의 세력권

〈그림 34〉는 6세기 초 고구려와 신라의 세력 분포에 근거해 작성한 그림이다. 현재 남북한이 대치하는 비무장지대(DMZ)처럼, 흥해지역은 고구려와 신라의 세력이 충돌하는 최전선이 형성되었기 때문에 신라는 군사적 요충지였던 흥해분지에 남미질부성과 북미질부성을 축조해 고구려의 침략을 막으려 했다.

그림 34. 6세기 초 흥해지역. 별래재가 있는 산줄기가 고구려와 신라의 경계선이었다. 분지를 둘러싼 산줄기는 외적 방어에 아주 중요한 지형이다.

① 흥해분지 들판보다 높은 구릉에 축조된 남미질부성

신라시대 흥해지역은 왜(倭)가 영일만에 상륙하여 경주로 침입하는 노선상에 있고, 4세기 말 5세기 초 고구려 세력권이었던 영덕, 청하와 국경지역이 되었다. 481년에 고구려와 말갈 세력이 흥해까지 침입해 수도인 경주를 위협하기도 했다. 흥해지역은 고구려의 남진을 저지하고 해로를 통해 신라의 세력권이었던 강릉·삼척지역을 연결해 주는 군사적 요충지였다. 남미질부성과 북미질부성은 이런 역사적 배경 아래 504년에 축조되었다.

흙으로 쌓은 토성인 남미질부성은 흥해읍 남성리에 자리한 해발 30~40m 정도의 구릉에 자리했다. 현재 남아있는 성벽은 총길이 460m이고, 삭토(削土)로 조성된 확인 가능한 성벽은 1,576m, 택지조성으로 사라진 서북부 성벽 256m를 합하면 대략 1,832m이다. 남미질부성은 축조 시기가 삼국사기에 기록돼 축성 연대를 알 수 있는 드문 성이고 규모도 상당한 편이다. 그러나 흥해읍 도시

계획에 의해 남미질부성 북서쪽 구릉이 깎여 나가 성벽이 영원히 사라졌고, 잔존하는 성벽도 대부분 농경지와 주거지가 자리해 있어 훼손될 우려가 크다.

〈그림 35〉에 표시된 남부질미성의 범위는 1993년 경주문화재연구소의 지표조사자료를 참고하여 작성하였다. 성곽은 북동에서 남서 방향으로 뻗은 구릉의 능선을 이용해 쌓았기 때문에 남미질부성은 전체적으로 북동-남서 방향이 긴 형태를 하고 있다.

그림 35. 남미질부성의 성벽. 북서쪽은 택지조성으로 훼손되었고 나머지 구간은 주거지와
농경지로 이용되고 있다.

그림 36. 강자갈이 노출된 남쪽 성벽. 강자갈은 남미질부성이 자리한 흥해의 떡돌과 다른 암석이다.

〈그림 36〉은 남미질부성의 토축 흔적이 발견되는 남쪽 성벽의 모습이다. 남미질부성이 자리한 흥해는 떡돌이라 불리는 신생대 제3기 층이 분포한다. 성벽에 드러난 둥근 강자갈은 떡돌이 아니라는 사실에서 성을 쌓을 당시 사람들에 의해 다른 곳에서 이곳으로 옮겨진 것으로 보인다. 남미질부성의 축성에 삭토법과 토석혼합 축조법이 함께 사용된 것으로 추정된다.

남미질부성은 평산성(平山城)이다

남미질부성의 지리적 입지를 보면 흥해분지 주변에 자리한 산지에서 분지 내부의 들판으로 뻗어내린 구릉대에 자리했다. 즉, 평지와 구릉(산)이 만나는 지점이다. 평산성이 지리적으로 사람

거주와 방어에 유리한 이유는 무엇일까? 첫째, 주변 평야보다 높아 하천 범람의 위험으로부터 안전하다. 위에서 설명한 대로 여름철 많은 비로 인해 우리나라 대부분의 하천은 범람의 위험이 크다. 넓은 평야가 발달한 흥해분지도 범람의 위협에서 예외가 아니라, 곡강천 변에 북천수를 조성했다. 평산성은 구릉에 위치해 평야보다 해발고도가 높아 범람으로부터 안전하다. 둘째, 평야보다 높은 구릉에 의지해 성을 쌓을 수 있고, 적의 이동을 감시하기도 좋아 평지에 쌓은 성보다 방어에 유리하다. 셋째, 성이 자리한 구릉 앞에 넓은 평야가 있어 농경을 위해 먼 거리를 이동할 필요가 없고 유사시에 빠르게 방어 태세로 전환할 수 있다.

접시형의 작은 분지에 자리한 남미질부성은 거주와 방어에 유리하다.

남미질부성이 자리한 구릉은 흥해분지와 신광분지의 경계를 이루는 서쪽 산지에서 흥해분지 한가운데로 뻗어있다. 해발고도는 50m 이하로 낮지만 흥해 들판보다는 상대적으로 높아, 흥해분지 내부를 대부분 조망할 수 있는 망루(초소)와 같은 지형을 이루고 있다.

남미질부성은 해발 41.5m의 망창산과 26.2m, 43.8m의 무명 산과 43.8m 무명 산에서 동쪽으로 뻗은 구릉으로 둘러싸인

작은 접시형 분지에 축조되었다. 작은 분지를 접시형이
라고 표현한 것은 분지를 둘러싼 구릉과 분지 내부의 고
도차가 작기 때문이다. 남미질부성의 성벽은 작은 분지
를 둘러싼 구릉의 능선을 따라 축조되었다.

흥해읍 남성리 구릉대에 자리한 남미질부성의 지형
적인 장점은 첫째, 지형적으로 작은 분지를 둘러싼 구릉
이 평야와 접촉하는 외부는 경사가 상대적으로 가파르
고 사람들이 거주하는 내부는 상대적으로 경사가 완만
하다. 남미질부성이 자리한 구릉의 이런 지형적 특징은
유사시 성을 공격하는 적에게는 불리하고, 방어하기에
매우 유리하다(그림 37).

둘째, 분지 내부에 내린 빗물이 모여 큰 연못을 이루
고 있어, 유사시 장기간 농성전이 전개되었을 때 필요한
생활용수를 해결할 수 있다(그림 38). 셋째, 작은 분지와
구릉대에는 신생대 신 제3기의 퇴적암인 떡돌이 분포한다. 흙도
돌도 아닌 상태의 떡돌은 무른 돌이라, 인위적인 공사를 하기에
유리하다. 구릉의 암석이 단단한 화강암이나 화산암이었다면 바
위가 노출된 경우가 많아 삭토법으로 축성을 하기 어렵다. 분지
를 둘러싼 구릉의 경사가 완만한 곳은 인위적으로 흙을 깎아 급

그림 37. 남미질부성의 지형 구조. 작은 분지를 감싸고 있는 구릉의 외부는 급경사, 내부는 완경사를 이루고 있다.

경사로 만들어 적의 침입을 어렵게 하는 삭토(削土)법이라는 축성법이 있다. 남미질부성도 전 구간을 흙으로 쌓지 않고, 구릉을 깎아 성벽을 만드는 삭토법으로 축성한 구간이 상당하다는 사실이 1993년 경주문화재연구소 지표조사에서 밝혀졌다. 삭토법은 평지에 쌓는 평지성에서는 사용할 수 없고, 산성이나 남미질부성처럼 산이나 구릉에 성을 쌓을 때 사용할 수 있는 축성법이다.

넷째, 넓은 흥해 들판보다 높은 구릉으로 둘러싸인 작은 분지는 전쟁이 없는, 평상시에도 사람이 거주하기에 유리하다. 구릉에 의지해 쌓은 성에 거주하기 때문에 유사시 곧바로 적의 침입에 대처할 수 있고, 들판 한가운데 위치한 성이라 농경지와 가까워 농사를 짓기에도 유리하다. 우리나라의 전통 마을들이 하천 범람의 위험이 큰 평지에 자리하지 않고, 구릉과 평야가 만나는 지점에 자리한 이유도 홍수로부터 안전하고 농경지와 가까워 농경에 유리하기 때문이다.

그림 38. 남미질부성 안의 연못. 성안의 지표 수가 모인 연못이 있어 유사시 성안 사람들의 생활용수(빨래, 가축 등)로 활용할 수 있다.

② 흥해분지 동쪽 화산암 산에 축조된 북미질부성

문화유적총람 성곽 자료에, '북미질부성은 신라 지증왕 5년 (504) 9월에 토성으로 쌓았다는 기록이 삼국사기에 나타나 있다'고 기록되어 있다. 성벽의 높이 5m, 둘레 2km 정도 되는 성의 흔적이 뚜렷하게 남아 있다.

기존의 자료와 국립경주문화재연구소와 포항시가 시행한 지표조사(2002년) 내용 등을 종합하여 포항시 문화유적분포 지도가 2003년에 발간되었다. 포항시 문화유적분포 지도에는 능선의 가장자리를 따라서 성벽을 쌓았고, 지증왕 5년에 쌓았다는 사실과 토석혼축(흙과 돌을 섞어 건축)이고, 토성의 전체 크기는 남북 300m, 동서 120m 정도라고 되어있다. 포항시 문화유적분포 지도에는 북미질부성의 윤곽을 1/5,000 지도에 상세하게 표시했다(그림 39, 40).

2017년 포항시, 경상북도문화재연구원, 성림문화재연구원 공동으로 북미질부성에 대한 지표조사 결과를 바탕으로 편찬된 포항의 역사와 문화에는 남서쪽으로 길게 연장된 성벽을 찾아냈고, 성벽과 내부에서 삼국시대 기와 편이 다수 출토돼 북미질부성의 축조 시기도 추정할 수 있다고 되어있다.

북미질부성이 자리한 낙수봉(조봉대)의 지형을 상세하게 나타낸 1/5,000 지도로 봐도 남서쪽까지 성벽이 연장됐어야 낙수봉

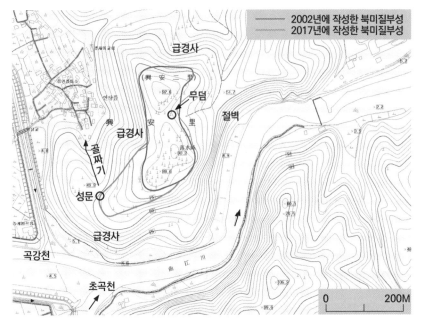

그림 39. 북미질부성의 범위. 2002년 보다 2017년 지표조사로 남서쪽 성벽이 발견돼 성의
윤곽이 기존 조사자료보다 남서쪽으로 길게 연장되었다.

그림 40. 토석혼축의 흔적(서쪽 성벽). 성벽 외부에 큰 돌이 노출돼 흙과 돌을 섞어
축성했음을 알 수 있다.

의 지형 구조에 부합한다. 성벽 남서쪽 끝자락에 49.9m라고 되
어있는 지점이 매우 평탄한 계단상의 지형을 이루고, 골짜기를
따라 성 아래 자리한 흥안리 마을과 연결된다. 낙수봉의 지형상
북미질부성의 주 출입구가 되는 성문은 평탄면과 만나는 남서
쪽에 세워야 성 외부로의 출입과 방어에 유리하다. 급경사로 둘
러싸인 북미질부성에서 성 아래 마을과 가장 쉽게 연결할 수 있
는 곳은 49.9m 평탄면에서 흥안리로 연결되는 골짜기다. 2002
년에 작성된 성벽대로 성을 쌓았다면 급경사에 성문이 자리하게
돼 흥안리 마을과 북미질부성의 연결이 어렵고 유사시 방어에도

불리하다. 〈그림 39〉의 성문 표시는 낙수봉의 지형 구조로 추론한 개인적인 견해임을 밝혀 둔다.

　북미질부성의 안내판은 곡강천 건너편인 서원산 동쪽 끝자락에 있어 북미질부성을 찾기 더 어렵고, 성을 올라가는 길이 없다. 초목이 우거지는 5월 이후에는 길이 없어 성으로 올라가는 것이 사실상 불가능하다. 현재 북미질부성 내부는 일제강점기부터 공동묘지로 사용되고 있어 수많은 무덤이 산재해 있다. 중요한 문화재가 사실상 방치되고 있다(그림 41).

그림 41. 성 안의 무덤. 북미질부성은 현재 사실상 공동묘지라고 봐야 할 것 같다.

천연의 요새 북미질부성

북미질부성은 곡강천의 유로가 갑자기 좁아지는 지점인 흥안리의 낙수봉(92.6m) 능선에 자리했다. 성이 자리한 낙수봉과 주변의 서원산, 구곡산, 곤륜산은 풍화와 침식에 강한 신생대 제3기의 화산암이 분포돼, 신생대 제3기 퇴적암인 떡돌이 분포된 구릉보다 해발고도가 상대적으로 높고 산의 경사가 매우 가파르다.

북미질부성이 자리한 낙수봉은 해발고도가 92.6m로 낮지만 흥해들판 보다 80m 이상 높고, 정상부의 능선은 매우 평탄하지만 낙수봉의 동서남북은 급경사를 이룬다. 낙수봉의 남쪽은 곡강천 협곡이 자리해 절벽을 이루고, 흥안리 마을 뒤편 사면도 골짜기를 제외하면 대부분 경사가 매우 가파르다(그림 42).

동해에서 흥해로 침입하는 외적은 흥안리와 칠포를 연결하는 육로인 솔고개와 곡강천의 수로를 이용해 배를 타고 흥해분지로 들어올 수 있다. 육상침입로와 곡강천을 이용한 수상 침입로를 모두 감시하고 방어할 수 있는 곳이 바로 북미질부성이 자리한 낙수봉이다. 낙수봉의 지형 구조를 보면 고구려의 남하를 견제하려고 했던 신라가 이곳에 북미질부성을 쌓은 이유를 직관적으로 알 수 있다.

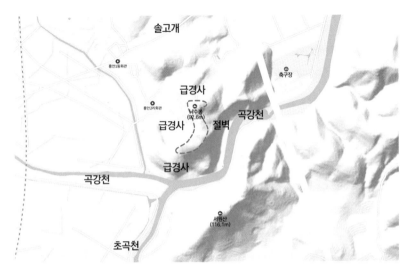

그림 42. 북미질부성이 자리한 낙수봉의 지형. 사방이 급경사로 둘러싸여 방어에 유리한 천연요새다.

〈그림 43〉은 북미질부성이 자리한 낙수봉에 흥해읍을 바라보고 촬영한 드론 사진이다. 낙수봉은 넓은 흥해 들판과 흥해읍, 남미질부성, 동해가 한눈에 들어오는 망루(초소)와 같은 지형을 이루고 있다. 평상시에도 군인을 상주시켜 바다와 육지로 침입하는 적을 감시하면서 적의 침입을 조기에 알려주는 조기경보기와 같은 역할도 했을 것으로 추정된다.

그림 43. 낙수봉에서 본 흥해 들판. 동해와 흥해 들판을 동시에 감시할 수 있는 망루(초소) 같은 지형이다. (사진제공 김석용)

북미질부성은 방어용 산성(山城)이다

낙수봉의 해발고도가 92.6m로 낮지만 사방이 급경사로 이루어졌고, 성이 자리한 능선의 규모가 좁은 낙수봉의 지형 구조로 인해 북미질부성은 평상시에도 사람이 거주했던 남미질부성과 달리, 유사시에만 방어를 위해 사용되었던 산성으로 추정된다(그림 44). 평상시에는 농사를 짓고 주변과 교류를 하며 살아야 하기에, 급경사로 둘러싸여 출입이 불편하고 거주에 불리한 산 위에 자리한 북미질부성이 지방 행정 중심지를 보호했던 읍성의 역할을 하기는 어렵다. 성 아래 자리한 흥안리, 금장리 일대가 북미질부성의 중심 거주지였을 것으로 추정된다. 흥안리와 금장리는 북미질부성과 가깝고 흥해 들판과 산록대가 만나는 지점이라 홍수의 위험도 없으며 농경지와 가까워 농업 활동에도 편리

한 곳이다. 곡강천 수로를 통해 배를 이용하면 동해와 편리하게 연결되고, 솔고개를 통해 육상으로도 동해안으로 나갈 수 있는 교통의 요지이기도 하다.

그림 44.
낙수봉 전경. 북미질부성은 사방이 급경사고 흥해 들판과 동해가 내려다보이는 천연의 요새지만, 사람이 일상적으로 거주하기에는 부적합해 보인다.
(사진제공 김석용)

앞에서 설명한 평산성이라는 유리한 지리적 조건으로 인해 남미질부성은 성이 축조된 신라시대부터 왜구의 잦은 침탈로 폐성이 되어, 버려지게 되는 고려 말인 1380년대까지 흥해군의 치소(治所)가 주재하는 읍성으로 이용되었을 것으로 추정된다. 이렇게 추정되는 것은 두 가지 이유다.

첫째, 후삼국을 통일하고 고려를 건국했던 태조 왕건은 남미질부성주 훤달이 북미질부성주와 함께 투항한 후 두 미질부성을 합쳐 흥해군을 설치했다고 사서에 기록되어 있다. 고려시대 포항지역에 설치되었던 군현의 읍성이 대부분 흙으로 쌓은 토성이었던 상황을 고려해 보면, 흥해분지 내부 들판을 통제할 수 있는 지리적 요충지에 자리해 있고, 방어에도 유리하며 평상시에도 사람이 거주할 수 있는 남미질부성을 버리고 새로운 읍성을 쌓았다고 보기 어렵다.

급경사의 산 능선에 자리한 북미질부성은 유사시 산성처럼 방어에는 유리하지만, 평상시 사람이 거주하며 농사짓고 일상생활을 하기에 매우 불편하다. 북미질부성의 출입구도 경사가 급한 낙수봉 경사면에 자리하고, 능선의 평탄면도 규모가 그다지 크지 않기 때문에 마을이 자리하고 많은 인구가 거주하기에는 불리하다.

그러나 남미질부성의 출입구 중 구릉 사이에 자리한 북쪽과 남쪽의 출입구는 평야로 열려있어 일상생활을 영위하기에 불편함이 없다. 나머지 출입구도 높지 않은 구릉에 자리해 출입에 큰 불편이 없다. 이런 지리적인 장점으로 인해 남미질부성이 축성된 이후 폐허가 되는 고려말까지 흥해읍성으로 사용되었을 가능성이 크다. 읍성이 자리한 접시형 분지의 내부도 북미질부성에 비하면 평탄하고 상대적으로 넓어, 관아 건물과 관리들이 거주할 건물을 세우는 것도 무리가 없어 보인다.

興海郡 山川條에 「望昌山은 고을 南쪽 2里에 있다.」는 동국여지승람의 기록은 이 사실을 더욱 뒷받침하는 것이다. 읍성 가까이에 남미질부성이 있는 망창산이 위치한다는 의미다. 〈그림 45〉를 보면 조선시대 흥해읍성과 남미질부성이 매우 가깝다는 사실을 알 수 있다. 물론 이런 추론은 흥해읍성과 남미질부성의 지리적 입지 조건으로 추론한 것이라 절대적인 것은 아니다.

둘째, 고려말인 서기 1390년 흥해에 귀양 왔던 권근의 기록에 따르면 왜구의 침탈로 읍성(남미질부성으로 추정)이 폐성이 되었는데, 조우량이라는 수령이 부임해 새로 읍성을 쌓아 백성들을 안정시킨 것으로 나온다. '우리 고을에는 성이 없어서 백성들

그림 45.
흥해 들판 중심에 자리한
남미질부성. 들판보다 높아
홍수의 위험이 없고, 성밖에 넓은
들판이 자리해 농경에 유리하다.
읍성은 조선시대 흥해읍성의
범위다. (사진제공 김석용)

별래재

읍성

문지

이 편안하게 살지 못하기로 내 성을 만들어 쌓고자 하는데 너희는 이것을 꺼리는가?'라는 기록으로 보아 남미질부성은 고려말에 사용할 수 없게 된 것으로 추정된다. 즉, 기록에 성이 없다고까지 표현했으니 남미질부성은 왜구의 침탈로 완전 폐성이 되었다고 추정된다.

권근이 쓴 조우량의 축성 기록을 보면 흩어졌던 흥해 백성 겨우 몇십 명을 모았고, 통양포만호 백인관이 50명의 군인을 지원해줘서 1389년 8월에 공사를 시작해 10월에 읍성 축조를 마무리했다고 한다. 두 달여 만에 읍성을 완성한 것이다. 이때 조우량이 쌓은 성은 폐성이 된 남미질부성을 복구한 것으로 보기 어렵다. 둘레가 2km 가까이 되는 큰 규모의 남미질부성을, 소수의 백성과 군인으로 단 두 달여 만에 복구했다는 것은 현실적으로 불가능했었을 것으로 추정된다. 평지성이 아닌 남미질부성은 구릉의 능선까지 흙을 운반해 쌓아야 했기 때문에 평지에 흙으로 쌓는 것보다 노동력과 시간이 더 투입돼야 한다.

그러므로 조우량이 쌓은 성은 조선시대 읍성이 자리한 현재의 흥해읍 성내리였을 것으로 추정된다. 흥해읍 성내리는 평지에 위치해, 능선에 축성하는 것보다 기술적으로도 쉽고 노동력도 줄일 수 있다. 고려말에 세워진 토성을 조선 초 석성으로 개축한 흥해읍 성내리에 있는 조선시대 읍성은 대표적인 평지성이고 성벽의 길이도 남미질부성의 1/4 정도라는 사실이 이런 추정의 근거다. 남미질부성보다 규모도 작고, 평지라 축성을 하기 쉬운 남성리에 새로운 성을 쌓았다고 보는 것이 합리적이라고 판단된다.

권근의 기록에는 조우량의 뒤를 이어 통양포만호였던 백인관 사또가 부임해 성밖에 연못(해자)을 파서 성 외부를 험하게 하고, 성문에 빗장을 걸어 성 내부를 튼튼하게 해 성이 견고해졌다고 전한다. 구릉의 능선을 따라 축조된 남미질부성의 성벽을 따라 해자(垓字)까지 팠다는 것은 당시 축성에 동원되었던 흥해지역 백성들의 숫자(노동력)로 봤을 때 어려웠을 것으로 보인다. 구릉의 능선을 따라 세웠던 남미질부성은 지형 구조상 해자를 만들 이유도 찾기 어렵고, 1993년 경주문화재연구소의 지표조사자료에서도 해자의 흔적에 대한 언급이 없다. 그러나 평지성인 성내리의 조선시대 읍성 자리에 성을 쌓았다면 해자의 축조가 절대적으로 필요했을 것이다. 최근 포항시에서 흥해읍성 주변 도로공사를 하려고 새천년문화재연구소에 문화재 지표조사를 의뢰했다. 새천년문화재연구소에서 읍성 서쪽 성벽 아래를 발굴해 해자가 있었다는 사실이 밝혀졌다.

현재의 포항시 행정구역에는 조선시대 흥해군, 청하현, 영일현, 장기현 등 1군 3현이 설치되었다. 조선시대 지방 행정 단위는 8도 아래 부, 목, 군, 현을 두었다. 부와 목은 현재의 시(市)에 해당하는 큰 고을이고 이보다 작은 고을은 군, 현을 두었는데, 군이 현보다 위계가 높다. 흥해는 고려시대부터 군이 설치되었고 조선시대 내내 군이 유지되었을 정도로 포항지역의 중요한 지방 중심지였다.

흥해읍성은 경상도 속찬지리지에 '명나라 영락 16년(1418)인 무술년에 돌로 쌓았다. 둘레는 1,494척, 높이는 13척이다.'라고 기록되어 있다. 신증동국여지승람에 '흥해읍성의 규모는 길이 1,494척, 높이는 13척이고 성안에 우물 3곳이 있다.'라고 기록되어 있다. 경상도 속찬지리지에 흥해읍성을 돌로 쌓았다는 1418년은 태종 18년에 해당한다.

조선 건국 후 조정은 고려말부터 한반도 해안을 침략했던 왜구의 방어를 강화하기 위해 경북 동해안과 남해안에 자리한 읍성을 석성으로 개축하게 되는데, 고려시대 흥해읍성으로 사용되었던 남미질부성이 고려말 왜구의 침략으로 폐성이 되고, 1389년 조우량 사또가 평지에 새로 쌓았던 토성을 태종 18년

(1418) 동해안 방어를 위해 견고한 석성으로 개축한 것으로 판단된다.

조선시대 토성을 석성으로 개축하는 과정은 상당히 어려웠을 것이다. 흥해읍성을 쌓을 석재를 외부에서 운반해 와야 했을 것이라는 점 때문이다. 흥해의 암석분포에서 설명한 것처럼 흥해 지역은 떡돌로 불리는 신생대 신 제3기의 퇴적암이 분포한다. 떡돌은 돌도 아니고 흙도 아닌 푸석푸석한 돌이라 읍성을 쌓을 수 없다. 석재를 채취할 수 있는 가장 가까운 곳은 곡강천 하류 구간에 자리한 낙수봉, 서원산, 곤륜산, 구곡산 일대로 이곳에는 건축재로 사용할 수 있는 신생대 제3기의 화산암이 분포한다. 그러므로 왜구의 침략 그리고 정치, 경제적으로 혼란했던 고려말에 석성을 쌓기는 거의 불가능했을 것으로 보인다.

흥해읍성 돌 공급지로 추정되는 서원산

흥해분지를 흘러온 곡강천이 구불구불 굽이쳐 흐르는 곡류가 시작되는 지점에 서원산이 병풍처럼 서 있다. 서원산 맞은편에는 북미질부성이 자리한 낙수봉이 자리한다. 곡강천 변에 자리한 서원산 북쪽 사면에는 돌을 캐낸 흔적이 절벽 형태로 남아있다(그림 46).

낙수봉과 서원산은 화산활동으로 형성된 화산암이라 신생대

그림 46. 서원산의 채석 흔적. 흥해읍 동쪽에 자리한 서원산은 화산암이라 단단하고 절리가 발달해 성돌 재료를 생산하기에 용이하다.

제3기 퇴적암인 떡돌과 달리 매우 단단하고 일정한 간격으로 절리가 발달해 읍성 건축에 필요한 석재를 캐내기 유리한 곳이다. 흥해읍성이 자리한 곳에서 서원산만큼 가까운 화산암 산이

없으며, 흥해읍성과도 가깝고 최근까지도 채석장으로 이용되었던 점으로 미루어 조선 초 토성이었던 흥해읍성을 돌로 개축할 때 서원산의 화산암을 운반해 이용했을 것으로 추정된다.

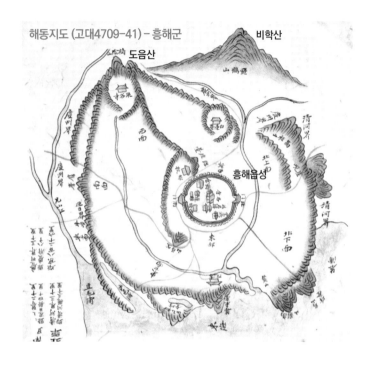

해동지도 (고대4709-41) – 흥해군

비학산

도음산

흥해읍성

조선시대 고지도 속 흥해읍성

〈그림 47〉은 18세기 중엽에 제작된 해동지도와 19세기 후반
에 제작된 대동여지도에 표시된 흥해읍성이다. 해동지도를 통
해 흥해가 산으로 둘러싸인 분지라는 사실을 알 수 있고, 흥해읍
성이 자리한 구릉이 분지의 외곽을 둘러싼 도음산에서 흥해분지
가운데로 뻗어내린 구릉이 들판과 만나는 지점에 자리했었음을

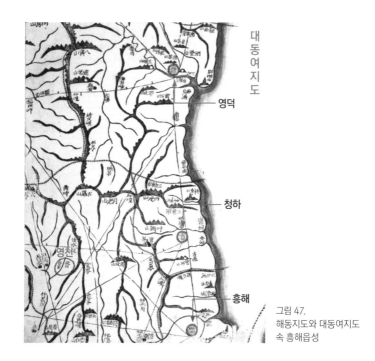

영덕

청하

흥해

그림 47.
해동지도와 대동여지도
속 흥해읍성

알 수 있다.

대동여지도를 통해 북쪽의 영덕-청하-흥해로 이어지는 군현의 읍성들이 있는데, 동해를 따라 왜구의 노략질이 매우 심했기 때문에 견고한 돌로 읍성을 쌓아 해안 방어선을 구축한 것을 알 수 있다.

조선시대 흥해읍성의 구조와 일제의 훼철

〈그림 48〉은 조선시대 고지도의 하나인 여지도(輿地圖)에 기록된 흥해읍성의 전체적인 형태와 내부 관청의 배치도이다. 여지도로 본 흥해읍성은 전체적으로 4각형의 성곽이 감싸고 남문과 북문이 있다. 읍성 중앙에는 국왕을 상징하는 객사가 자리하고, 객사의 동쪽에 누각인 망진루, 북쪽에 창고와 향청이 있다. 객사의 서쪽에는 사또의 집무 공간인 아사(동헌), 남쪽에는 지당, 연정이 자리해 있는 구조다.

조선을 병탄하고 식민지로 만든 일본은 일제강점기 초기인 1910년 조선총독부의 1호 법률인 '조선읍성 훼철령'을 발표하여 지방의 행정중심지인 읍성을 조직적으로 훼철하였다. 흥해읍성도 일제가 포항항을 쌓는다는 명분으로 성벽을 헐어버렸다. 일제는 동해안의 거점 항구로 포항항을 개축하는 데 필요한 석재를 흥해읍성을 헐어 충당했다.

북문

망진루

아사

객사

차군루

연정

남문

동부

곡강

학표봉

서원

동하면

망창산

향교

그림 48. 조선시대 흥해읍성의 구조(여지도)

일제의 훼철과 흥해읍의 도시화 과정에서 조선시대 흥해읍성은 대부분 훼손되고 사라져 흔적을 찾기 어렵다. 장기읍성처럼 산 능선에 자리한 경우에는 일제강점기와 대한민국의 경제개발 시기를 거치는 과정에서 성벽이 인위적으로 거의 훼손되지 않았다. 그러나 흥해읍성은 평지에 자리해 흥해가 도시화 되는 과정에서 도로, 시가지 확장으로 인해 성벽이 훼손되어 전체적인 성의 윤곽도 찾기 어려운 것이 현실이다.

그러나 흥해읍의 지명과 읍내 일부에 남아있는 성벽의 흔적을 통해 흥해읍성의 위치와 규모를 복원해 볼 수는 있다. 흥해읍의 중심지가 성내리(城內里)다. 성 안쪽 마을이라는 의미다. 약성리, 옥성리, 중성리는 읍성의 동쪽과 서쪽에 자리한 마을로 지명에 성(城)이라는 글자가 있다. 비록 읍성의 흔적은 찾기 어렵지만, 흥해읍 내에 남아있는 지명을 통해 읍성의 존재를 확인할 수 있다.

성내리에는 흥해군의 사또가 업무를 봤던 동헌인 제남헌이 영일민속박물관이라는 이름으로 원형을 유지하고 있다. 제남헌은 행정서비스를 담당하는 현재의 읍사무소, 군청에 해당한다.

2019년 흥해 읍민들이 개인 집의 담이나 정원석이 되어있는

그림 49. 흥해읍성의 동헌인 제남헌

성돌을 찾아내 읍성을 복원하자는 움직임이 있었다. 그러나 현
실적으로 흥해읍성이 있던 곳은 흥해읍의 중심지라 도로와 건물
이 들어서 있다. 읍성을 복원하려면 도로와 수많은 건물을 철거
하고 토지 보상을 해줘야 하는 경제적인 문제가 있다. 막대한 비
용을 투자해 읍성을 복원한다고 해도, 투자한 비용을 회수할 수
있을 만한 관광자원으로서의 가치가 있느냐는 점이다. 물론 역
사유적의 복원을 경제적인 관점으로만 바라볼 수 없지만, 경제
적 부담을 무시할 수 없는 것도 현실이다.

일제강점기 지적원도와 흥해읍성

〈그림 50〉은 일제강점기인 1914년에 제작된 흥해읍 성내동, 중성동, 남성동, 약성동, 옥성동 일대의 지적원도다. 현재의 성내리는 성내동, 동성동, 서성동이라고 되어있다. 지적도가 흑백이라 도로, 도랑(溝), 성벽, 일제의 계획도로 등이 구분이 되지 않아 새로 색을 입혔을 뿐이다.

지적원도가 모눈종이에 그려져 있어 흥해읍성 전체의 규모와 형태, 성벽의 두께도 정확하게 알 수 있을 만큼 상세하다. 흥해읍성은 북문과 남문 두 개가 있었고, 두 성문을 보호하기 위해 성문 앞을 감싼 옹성(甕城)이 있었다. 또한 성벽에는 방어를 위해 성벽의 일부를 외부로 돌출하게 쌓은 치(雉)도 있다.

그리고 읍성의 서쪽-북쪽-동쪽을 휘감고 도는 도랑(溝)이 있다. 아마도 천연해자 역할을 했을 것으로 추정되며 고려말이 1389년 조우량 사또가 폐성이 된 남미질부성을 버리고 현재의 자리에 읍성을 쌓은 이유도 작은 하천이 해자의 역할을 해줬기 때문으로 추정된다. 물론 조선 초에 방어력을 높이기 위해 읍성 주위에 새로 해자를 축조했다.

그림 50. 상세한 지적원도. 옛날 지번까지 확인할 수 있어 이 지적도로 흥해읍성의 완벽한
복원이 가능할 것으로 판단한다.

그림 51. 읍성벽과 해자. 천년문화재연구소의 발굴 조사과정에서 성벽 아래 축조했던 해자가 발견되었다(흰 선 사이가 해자 흔적).

포항시 안전도시사업과에서 흥해읍 옥성리 65-1번지 일대를 읍성 테마공간으로 조성을 계획하고 있다. 이 사업의 일환으로 문화재 지표조사가 문화재청의 발굴 허가를 받아 2022. 2. 8.~ 2022. 2. 9.까지 천년문화재 연구원의 발굴 조사가 있었다. 발굴 조사에서 영일민속박물관(동헌) 서쪽 담 아래서 해자(垓字)가 발굴되었다. 발굴 단면은 지표에서 40~60cm까지는 사람에 의해 교란된 복토(覆土) 층이고, 그 아래는 자갈, 모래, 점토가 쌓인 하천 퇴적층이다. 하천 퇴적층의 존재를 통해 흥해읍성이 남미질부성처럼 구릉이 아니라 하천 퇴적으로 형성된 평지에 축조된 평지성이었다는 사실을 알 수 있다. 평지성은 구릉이나 산에 자리한 성에 비해 방어에 불리하기 때문에 해자를 축조한 사례가 다수 있다.

지적도

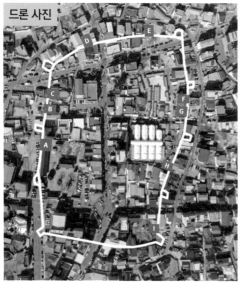

드론 사진

그림 52.
흥해읍성 흔적 발견지점. 성벽,
성 돌이 남아 있는 지점을 지적도와
드론 사진에 표시하였다.
(사진제공 김석용)

흥해읍성의 흔적을 찾아서

일제의 조직적인 훼철로 인해 흥해읍성은 그 흔적조차 찾기 어렵지만 몇 군데 성벽의 일부가 남아 있다. 그러나 흥해 거주하는 사람들도 그 흔적이 성 돌이나 성벽이라는 사실을 잘 모르는 경우가 많아 안타깝다.

〈그림 52〉는 답사를 통해 찾아낸 흥해읍성의 흔적을 지적도와 드론 사진에 표시한 그림이다. 현재의 지적도와 일제강점기에 제작된 지적원도를 대조하면 방어를 위해 성벽에 일정한 간격으로 설치했던 치(雉)의 위치도 정확히 밝혀낼 수 있다. 성벽을 쌓은 돌은 흥해의 기반암인 떡돌이 아닌 화산암이라 쉽게 구별되지만 일반인들은 잘 모르기 때문에 민가의 담장으로 이용되거나, 성 돌의 일부는 쓰레기와 함께 버려져 있다.

이 글에서는 주택가 주변에 뒹굴고 있는 성 돌은 제외하고 성벽의 형태를 이루고 있는 지점만 설명하였다.

A 지점은 영일민속박물관 서쪽벽에 일부 남아있는 흥해읍성의 성벽 모습이다. 성벽이 허물어지고 성 돌에 페인트칠이 되어있는 등 관리가 부실한 모습이지만 사람이 큰 돌을 쌓아서 만들어진 성벽이라는 사실을 알 수 있다.

B 지점은 흥해농협 서쪽에 남아있는 성벽 흔적이다. 이곳도 사람이 쌓은 성벽이라는 사실을 바로 알 수 있다.

C 지점은 사람이 살지 않는 폐가의 안쪽에 남아있는 성벽의 흔적으로, 밖에서는 성벽이 남아있는지 알 수 없다. 사람이 살고 있었다면 성벽의 흔적을 발견할 수 없었을 것이다.

D 지점은 북쪽 성벽의 일부로 보이는데 성벽의 기초 부분이 시멘트 건물 벽의 기초로 이용된 것으로 추정된다. 이 지점도 공터에 새 건물이 세워지면 성벽의 흔적을 찾을 수 없다. 일제강점기 지적원도가 성벽을 찾을 수 있는 중요한 단서다.

E 지점·F 지점은 성돌이 여기저기 흩어져 있고 성벽 모양을 갖추지 못하고 있어 사진을 생략하였다.

G 지점은 흥해시장에 자리한 흔적으로 오래된 건물이 헐리고 건물과 건물 사이에 가려져 있던 성벽이 노출된 것이다. 벽 사이에

남아있는 성 돌의 길이가 1m에 달할 정도로 크다. 돌로 성을 쌓을 때 기초가 되는 성벽 아랫부분은 크고 단단한 돌을 사용한다.

H 지점은 흥해시장 동쪽 주택가의 담장으로 이용되고 있는 성벽의 흔적이다. 이 글을 집필하기 위해 찾아낸 흥해읍성의 흔적 중 가장 원형에 가까운 부분으로 판단된다. 이곳의 주소는 포항시 북구 흥해읍 한동로65번길 3-1이다.

참고문헌

문화재청, 읍성 보존관리 매뉴얼
1993, 경주문화재연구소, 남미질부성지표조사보고서
2006, 배용일, 포항역사의 탐구
2007, 최원석, 조선시대 지방도시의 풍수적 입지분석과 경관유형
        - 경상도 71개 읍치를 대상으로
2015, 전종한, 조선후기 읍성 취락의 경관 요소와 경관 구성(태안읍성, 서산읍성, 해미읍성
        을 중심으로), 한국지역지리학회지
2017, 포항시, 경상북도문화재연구원, 성림문화재연구원, 포항의 역사와 문화
https://kyudb.snu.ac.kr/book/list.do
https://data.kigam.re.kr/
https://theme.archives.go.kr/next/acreage/viewMain.do
http://e-kyujanggak.snu.ac.kr/geo/contents/con_map_list.
        jsp?c1=02&c2=B&c3=E44

2

지리의 시선으로 본
영일현 읍성

    포항시는 전국 도시 중에서 드물게 조선시대 지방 행정 치소였던 읍성(치)이 4개나 소재했던 역사적인 지역이다. 조선시대 포항시 지역은 장기현, 영일현, 흥해군, 청하현이 설치되었다. 영일현은 영일(迎日) 또는 연일(延日)이라는 지명을 같이 사용하였다. 현재는 포항시 남구 연일읍으로 지명이 남아 있다. 포항시의 도심이 있는 지역은 대부분 4개의 군현 중에서 영일현의 관할에 들어 있었다. 영일현이 다른 세 군현과 다른 점은 조선시대에 여러 차례 읍성을 이동한 사실이다. 이 글에서는 영일현의 읍성이 이동한 장소의 지리적 입지 조건, 읍성을 설치한 장소의 지형적 특징, 읍성의 공간 분포와 이동을 고지도, 일제강점기 지도, 구글어스, 구글지도, 네이버지도 등을 통해 지리적인 관점에서 살펴보았다.

영일 읍성 터의 공간 분포와 지리적 특징

  〈그림 1〉은 조선시대 영일현의 읍성이 설치되었던 지역의 지리적 위치를 구글어스 입체 영상을 통해 나타낸 것이다. 포항시의 중심지역인 형산강 북쪽 포항시가지가 있는 곳에 읍성이 위치했던 곳은 대잠동 한 곳 뿐이고, 모두 형산강 남쪽에 자리했다. 현 포항시가지가 있는 지역은 해발고도가 낮은 형산강 삼각주라 형산강 범람에 따른 상습 침수지역이고 갈대가 우거진 습지라, 조선시대에는 사람이 거의 살지 않았던 황무지였다. 18세기 중반 포항창진이 설치되면서 사람들이 이주해 삼각주 개척이 시작되었고, 일제강점기 일본인들에 의해 본격적으로 개발되어 영일만의 중심 항구로 성장해 포항시의 중심지가 되었다.

  형산강 남쪽은 서쪽의 운제산과 남쪽, 서쪽 산지에서 뻗어내린 낮은 구릉이 있고, 구릉 사이에는 칠성천과 냉천 유역을 중심으로 규모가 큰 평야가 발달해 있다. 형산강 남쪽에서 오래된 마을이 자리한 곳은 구릉과 평야가 만나는 지점이고, 평야보다 고도가 높은 곳이라 하천의 범람으로 인한 위험이 없는 곳이다. 우

그림 1. 영일현 읍성 터(址)의 공간적 분포. 현재의 포항 중심가는 형산강 삼각주에 자리한 저습지다.

리나라는 장마와 태풍의 영향을 받는 여름철 강수량이 연 강수량의 절반을 넘기 때문에 우리나라 하천은 잠재적인 홍수의 위험을 안고 있다. 우리나라 하천 변의 평야지대에 거주지를 마련

형산강

포항제철

북

한다면 그것은 홍수라고 하는 자연재해의 위험 부담을 않고 살아가야 한다는 것을 의미한다. 형산강 남쪽 지역은 하천과 구릉, 평야가 적절하게 어우러져 있어 홍수의 위험을 피할 수 있고 농업에도 유리해 사람이 살아가기에 적합한 지역이다.

구릉대 사이를 흐르는 냉천과 칠성천은 형산강보다 상대적으로 규모가 작은 하천들이라 조선시대의 토목 기술로도 어느정도 치수를 할 수 있어 농업용수 공급에 유리했다. 적계저수지, 제네저수지는 조선후기에 그려진 지도에도 표시되었을 정도로 오래되었다. 저수지와 같은 수리시설을 설치해 농사를 지을 정도로 형산강 남쪽의 구릉대 사이에 발달한 평야는 영일만 지역의 농업 중심지였다. 여러차례 이전했던 연일 읍치 5곳 중 4곳이 형산강 남쪽에 자리했던 것도 생활에 유리한 지리적인 조건 때문이다.

〈그림 2〉는 일제강점기 초인 1918년 포항 지역 지도에 조선시대 이 지역을 다스렸던 연일현 읍성을 표시한 것이다. 현재 포항시가지가 있는 지역은 지도의 북쪽에 포항동이라고 표시된 현재 포항의 도심지를 제외하면, 대부분 논과 갈대밭, 모래사장, 염전으로 되어있다. 일제강점기 초까지도 현 포항시 도심지역은 대부분 사람이 살기 어려운 형산강 삼각주에 자리한 저습지였다는 사실을 알 수 있다. 근대적 토목 기술이 없던 조선시대 상대적으로 규모가 큰 하천인 형산강의 범람에 따른 위협을 제어할 수 없었기 때문에 삼각주 지역은 사람이 살기에 부적합한 지역이었다.

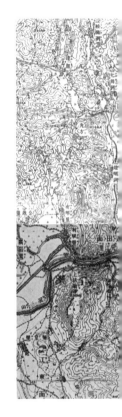

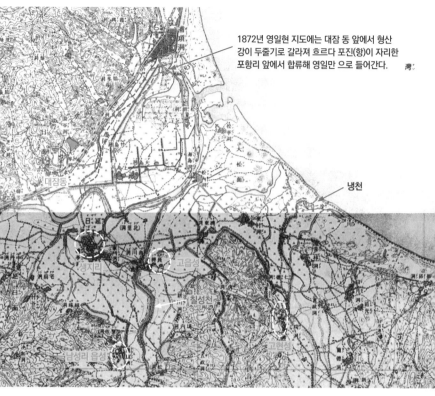

1872년 영일현 지도에는 대잠 동 앞에서 형산 강이 두줄기로 갈라져 흐르다 포진(항)이 자리한 포항리 앞에서 합류해 영일만 으로 들어간다.

냉천

대잠동

그림 2. 일제강점기 지도와 영일현 읍성 터. 형산강의 유로가 현재와 달리 생지리에서 북쪽의 대잠동으로 곡류하고 있다.

〈그림 3〉은 포항지역의 암석 분포를 나타낸 것이다. 운제산을 중심으로 포항시 남쪽에 자리한 높은 산은 중생대 백악기 화산 암류가 분포하고, 나머지 지역은 신생대 제3기 바다에서 퇴적되

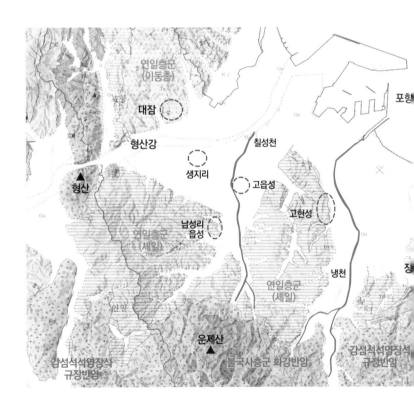

었던 연일층군의 암석이 분포한다. 지질도의 초록색 글씨는 중생대 화산암류를, 파란색 글씨는 신생대 제3기 퇴적암을 표시한 것이다. 중생대 화산암류는 신생대 제3기 퇴적암보다 훨씬 강한 암석이라 침식에 강해 경사가 급하고 고도가 높은 산을 이루고 있다. 아직 암석화가 덜 진행된 제3기 퇴적암은 강도가 약하고 부드러워 침식에 약해 낮은 구릉대를 이루고 있고, 포항에서는 떡돌이라 부른다.

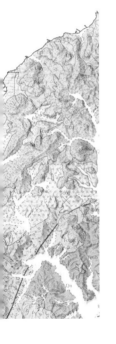

읍성 이야기를 하는데 왜 암석 이야기가 나왔을까 의아할 수 있다. 읍성을 쌓으려면 성을 쌓기에 적합한 돌이 있어야 한다. 이런 점에서 성을 쌓는 재료가 될 수 없는 제3기 퇴적암이 분포하는 연일, 흥해, 청하지역은 읍성을 쌓을 때 성벽의 재료가 될 돌을 다른 곳에서 구해와 쌓아야 했다. 성을 쌓는 재료가 될 수 없는 신생대 제3기 퇴적암이 분포된 포항지역의 읍성 축조는 다른 지역보다 훨씬 힘들고 고된 작업이었다.

그림 3. 영일현 읍성 터와 암석 분포. 영일현 읍성 터가 신생대 제3기 퇴적암인 떡돌 지대에 자리해 있다.

① 잘 부서지는 제3기 퇴적암

〈그림 4〉는 오천읍 원동리에 위치한 고현성에서 촬영한 제3기 퇴적암의 모습이다. 흙도 돌도 아닌 상태의 이 퇴적암을 이 지역 사람들이 떡돌이라 부르는데, 지질학적으로 제3기 연일층군의 셰일(Shale)이라는 퇴적암이다. 셰일은 아주 고운 진흙이 퇴적되어 굳어진 암석이다. 망치로 치면 흙처럼 부서질 정도로 강도가 약하고 나뭇잎처럼 조각조각 분리(엽리)되어 있어 성벽의 재료로 사용할 수 없다. 영일현 읍성이 자리했던 5곳에 모두 이

그림 4. 신생대 제3기 층

런 퇴적암이 분포한다. 근대적 토목기술과 기계들이 없던 조선시대 이들 지역에 읍성을 축성하는 것이 얼마나 어려웠을지 짐작할 수 있다.

② 성벽의 재료로 사용된 중생대 백악기 화산암류

〈그림 5〉는 중생대 백악기 화산암류(각섬석석영장석규장반암)가 분포된 형산(兄山) 북쪽 능선에 자리한 기원정사 뒤편의 바위를 촬영한 것이다. 중생대 경상도지역은 지금의 일본처럼 곳곳에서

그림 5. 중생대 백악기 화산암

지진과 화산이 분출하는 불안정한 지역이었다. 이때 땅속의 마그마가 분출해서 포항을 비롯한 경상도 지역에 다양한 화산암류가 형성되었다.

화산암류는 제3기 연일층군의 셰일과 달리 강도가 강하고 절리로 나누어져 있어 떼어내기도 좋아 성벽 재료로는 안성맞춤이다. 문제는 읍성을 쌓을 장소까지 무거운 돌을 대량으로 운반하는 것이다. 일제강점기 흥해읍성의 성벽을 허물어 포항항의 축대를 쌓는 재료로 이용한 지리적 이유가 있었던 것이다. 근대적 자본과 토목기술을 보유했던 일제도 항구의 축대를 쌓기 위해 포항에서 멀리 떨어진 곳의 돌을 운반하지 않고, 지리적으로 가까운 흥해읍성을 허물어 포항항을 만들었을 것이다. 일제의 입장에서 조선말 의병 항쟁의 거점이었고, 조선시대 지방 행정의 중심지였던 전국의 읍성들은 눈엣가시 같은 존재였다. 일제의 입장에서 자기들이 이용할 포항항도 쌓고, 동시에 눈엣가시 같은 흥해읍성까지 허물어 버리는 두 가지 효과를 동시에 볼 수 있었을 것이다.

포항시사와 서울대 규장각에서 발표한 영일현 읍성 이전에 대한 연구논문의 내용이 서로 다르다. 이 글에서는 역사지리적 관점에서 작성된 규장각 논문을 바탕으로 영일현 읍성의 이전에 대해 설명했다. 〈그림 6〉은 조선시대 무려 5번이나 이전했던 영일현의 읍성을 지도에 표시한 것이다. 첫째, 영일현의 읍성은 현재의 포항시 오천읍 원동 고현성 부근에 있다가 1389년경(고려 공양왕 1)에 현재의 포항시 남구 장흥동에 읍성을 쌓아 옮겼다. 둘째, 1439년(세종 21년)에 다시 서쪽 약 3km 지점의 대송면 남성리로 이전했다. 세 번째, 1747년(영조 23)에 장흥동의 고읍성 지역으로 이전한다. 네 번째, 1866년에 포항시 연일읍 생지리로 이전한다. 다섯 번째, 1871년 포항시 남구 대잠동으로 이전했다가 여섯 번째, 1886년에 생지리로 다시 옮겼고, 1914년 일제에 의한 행정구역 개편으로 군현체제는 종말을 고한다.

규장각 논문에서 위와 같이 영일현 읍성 이전을 주장한 근거는 다음과 같다.

『신증동국여지승람』 제23권 영일현 성곽 읍성 세주의 이숭인 (1349~1392)의 기문에는 영일현의 읍성이 마치 1390년(공양왕 2년)경에 축조된 것처럼 나와 있다.

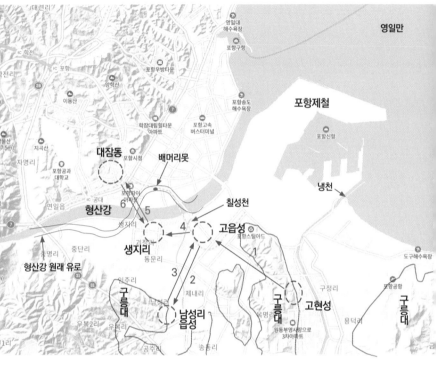

그림 6. 조선시대 영일현 읍성의 공간 이동

하지만 『조선왕조실록』 세종 21년(1439) 11월 20일에 경상도 장기·영일·남해·김해 등에 (邑)城을 쌓은 것으로 나오며, 이때의 읍성은 포항시 대송면 남성리에 있는 것이다. 고적조(古蹟條)에는 당시 읍치가 있던 읍성에서 장흥리 고읍성이 북쪽 7리, 오천읍 원동 고현성이 동쪽 15리에 있는 것으로 기록되어 있다. 고적 항목에서 설명하는 지리적 위치에 자리한 읍성은 세종 21년에 쌓은 남성리 읍성뿐이다. 따라서 『신증동국여지승람』의 이숭인 기문에 나오는 것은 포항시 연일읍 장흥리 부근에 있었던 고읍성으로 추정된다.

한글학회, 1979 『한국지명총람 6』(경북편 III), 208~210쪽. 대잠리에 철종 원년(1819)에 읍치가 옮겨왔다가 16년 뒤인 고종 3년(1886)에 다시 생지리로 옮겼다고 기록되어 있다. 그리고 생지리에는 고종 3년(1866)에 대잠리에서 옮겨왔다가, 1914년의 군면 폐합에 따라 포항으로 옮겨갔다고 기록되어 있다. 그러나 철종 원년은 1819년이 아니라 1850년이며, 고종 3년은 1886년이 아니라 1866년이다. 1832년에 편찬된 규장각 소장 『경상도읍지』 13책의 영일현 읍지와 1871년에 편찬된 규장각 소장『영남읍지』 10책의 영일현읍지 성지와 비교해 볼 때 1866년에 고읍인 장흥동에서 생지리로, 1871년에 대잠리로 옮긴 것으로 볼 수 있으며 1886년에 다시 생지리로 돌아간 것으로 판단된다.

① 포항시사에 나온 영일현읍치 이동

영일현은 ①원동[院洞(古縣里) : 신라시대 근오지현(斤烏支縣) 읍기(邑基)]→ ②757년(경덕왕16) 근오지현을 임정현(臨汀縣)으로 개칭한 후 장흥동(長興洞, 당시 대송면 구역) → ③1011년(고려 현종 2) 남성동(南城洞, 후세에 남 구읍이라 칭함) → ④1747년(정묘, 영조 23) 고읍(古邑) 장흥동 → ⑤1806년(병인, 순조6) 생지동(生旨洞) → ⑥1871년(辛未, 고종8) 대잠동(大岑洞) → ⑦1886년(병술, 고종23) 생지동.

포항시사에는 신라시대인 경덕왕 16년(서기 757년) 근오지현을 임정현으로 개칭하고, 평지인 장흥리로 이전했다고 한다. 장흥리는 고현성과 달리 서쪽에 칠성천(남천), 북쪽에 형산강이 흐르는 곳에 자리한 낮은 평지라 범람의 위험도 크고 방어도 어려운 곳인데, 읍성을 이곳으로 옮겼다는 점은 이해하기 어렵다. 신라시대, 성벽을 쌓지 않고도 고현성의 지형에 의지해 적을 감시하고 방어할 수 있는 장점을 버리고 평지인 장흥리로 읍성을 이전했다고 보는 것은 지리적 입장에서 보면 큰 무리가 있다.

2020년 12월부터 오천읍 원동 고현성 북쪽 성벽 일부가 발굴되고 있는데, 현장을 지휘하고 있는 학예사는 고려시대 기와가 무더기로 출토되고 있다고 했다(아래 고현성 글에 사진 제시). 발굴하고 있는 고고학적 자료로 미루어 포항시사의 신라 경덕왕 16

년 장흥리로의 읍성 이전과 고려 현종 2년(서기 1011년) 남성리로의 읍성 이전 내용은 수긍하기 어렵다. 고현성 북쪽 성벽의 발굴 증거로 미루어 신라에서 고려시대까지는 냉천과 칠성천 일대의 들판과 영일만을 내려다볼 수 있고, 방어에도 유리한 지형적 조건을 갖춘 고현성에 영일현 읍성이 있었다고 보는 것이 합리적이지 않을까? 물론 고려시대 기와 조각이 나온다는 이유로 고려말까지 이곳에 읍성이 있었다고 보는 것도 무리가 있는 것은 사실이다.

그러나 규장각 논문에서 고현성은 산성으로, 남구와 연일읍, 오천읍, 대송면 등 영일현의 주요 지역이 한눈에 조망되는 위치에 있어 고려시대 어느 시기까지는 읍성으로 기능한 것으로 판단된다고 나온다. 이상의 내용은 영일현 읍성 이동과 관련된 규장각 연구논문 자료와 포항시사, 읍성 터의 지형적 상황, 고현성 북쪽성벽 발굴현장의 출토물을 고려해 작성한 지형학자의 개인적 견해이다.

② 이숭인의 기문은 남성리가 아니라 장흥리 고읍성의 축성 기록이다.

포항 시사에서는 신증동국여지승람의 이숭인의 기록에 나오는 읍성이 남성리 읍성이라고 해석하고 있으나, 지리적 입지 조건으로 보면 장흥리의 고읍성으로 판단된다. 이숭인의 영일읍성기의 내용을 장흥리 고읍성으로 보는 이유는 다음의 네 가지 사실 때문이다.

첫째, 李崇仁의 〈迎日邑城記〉에는 '남북에 두 문을 두었는데 문에는 각각 문루를 세웠으니, 남쪽의 것은 대개 나그네를 맞이하고 갈고 심는 것을 시찰하는 것이요, 북쪽은 바다를 내려다보고 간악한 도적을 살피자는 것이다'라고 되어있다. 남성리 읍성이 이숭인의 기록대로 고려시대 쌓은 성이라면, 기록의 내용은 남성리의 지형 구조와 전혀 다르다. 남성리는 지형 구조상 동쪽에 문을 내는 것이 자연스러운데 급경사를 이루는 곳에 남문과 북문을 냈다는 것이다. 그리고 남성리 읍성의 북쪽에 남성1리가 자리한 구릉이 어미들을 가리고 있어 북문에서 바다로 침입해오는 적을 감시할 수 없다. 그러나 장흥리의 고읍성은 사방이 트인 평야라 북문에서 형산강과 영일만을 감시할 수 있고, 남문 밖은 넓은 어미들이라 논을 갈고 심는 것을 볼 수 있다. 그러므로 이숭인의 기록에 나오는 읍성은 남성리가 아니라 형산강 변의 평야에 자리한 장흥리라고 판단된다.

둘째, 이숭인의 영일읍성기에 '만부장(萬夫長) 최후(崔候)는 생각하기를 공(功)은 오래가는 것을 귀하게 여기는 것이니, 그러기엔 돌만 같지 못하다 하고 이에 선부(船夫)를 보내어 형산의 돌을 떠서 성을 쌓으니 두 길 남짓하고 둘레는 모두 몇 리나 된다'라는 구절이 있다. 토성이 자꾸 무너져 읍성을 유지하기 어려우니 단단한 중생대 화산암류가 분포하는 형산에서 떼어낸 돌을 배로 실어와 읍성을 쌓았다는 내용으로 해석된다. 읍성을 쌓은 곳이 형산강 지류인 칠성천 변의 장흥동이라면, 형산에서 배로 운반한 돌을 이용해 읍성을 쌓기가 상대적으로 쉽다. 즉 형산에서 운반한 돌을 칠성천 변에 있는 장흥리 읍성 옆에서 내려 바로 사용할 수 있다. 그러나 형산강 변에서 내륙에 자리한 남성리에 성을 쌓았다면 배에서 내린 돌을 남성리까지 육로로 운반해야 하는 어려움이 있다. 육상교통이 발달하지 못했던 과거에 성 돌을 운반하는 가장 좋은 방법은 배를 이용하는 것이었다. 채석장인 형산이 강변에 있고 장흥동 고읍성도 하천 변에 있으니 대량의 석재를 운반하기 용이했을 것이다.

이숭인의 기록이 남성리 읍성의 축성을 기록한 것이라면 다음 지도에서 성벽의 재료인 중생대 화산암류를 채석할 수 있는 장소는 두 곳이 있다(그림 7). 형산강 변의 형산과 남성리 읍성의 남쪽에 자리한 운제산 지역이다. 이숭인의 기록이 남성리 읍성이라면 형산에서 채석한 돌을 배로 운반한 다음, 형산강 변에서 하선해 육로로 남성리까지 이동했다는 해석이 된다(붉은색 화살표). 현재 운제산 산림욕장이 있는 곳도 중생대 화산암류를 얻을 수 있는 장소고, 육로지만 남성리와 거리가 형산보다 상대적으로 가깝다(검은색 화살표). 지리적인 측면에서 보면 이숭인이 기록한 읍성은 내륙에 자리한 남성리 읍성이 아니라 형산강 가까운 곳에 자리한 장흥리 고읍성의 축성 기록으로 해석된다.

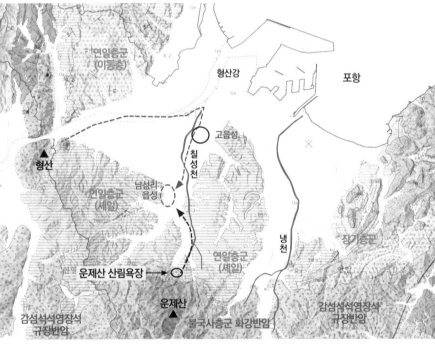

그림 7. 영일현 읍성 돌로 사용된 화산암 분포지역

셋째, '7월에 시작하여 9월에 준공하니'라는 구절을 보면 돌로 쌓은 읍성을 두 달 만에 준공했다는 이야기가 된다. 토성의 기초가 있는 장흥리 읍성이라면 흙을 돌로 대체하면 되고, 형산에서 실어 온 돌을 배에서 내려 바로 강변에 자리한 읍성 축성에 사용할 수 있어, 돌 운반에 따른 시간도 절약할 수 있었을 것이다. 그러나 토성의 기초가 있던 장흥리 같은 평지에 석성을 쌓는 것과 달리, 남성리처럼 구릉의 능선을 따라 무거운 돌을 운반해 성을 축조하는 것이 기술적으로 훨씬 어렵고 공사기간도 길다. 현대의 기술로도 두 달 만에 남성리에 돌로 된 읍성을 쌓을 수 있을지 의문스럽다. 또한, 왜구의 침탈이 극심했던 고려말 조선 초의 위기상황에서 신속한 축성이 요구되었을 것이다. 이숭인의 기록을 종합하고 읍성의 지리적 위치와 지형 구조를 고려해 보면 공양왕 때 쌓은 읍성은 남성리가 아니라 장흥리로 판단된다.

영조 때 남성리에서 평지인 장흥리로 읍성을 옮겨온 이유가 고려말에 쌓은 장흥리 읍성을 수리해 사용 가능했기 때문은 아닐까? 새로 터를 닦고 읍성을 쌓으려면 막대한 축성 비용과 공사기간이 필요했을 것이고, 노역에 따른 영일현 백성들의 고통도 매우 컸을 것이다. 기존에 폐했던 장흥리 읍성을 수리하는 것이 신축하는 것보다 공사 기간도 줄이고, 경제적인 부담도 줄일 수 있었을 것이다.

넷째, 동대해문화연구소의 보고서에 이 읍성은 고려 현종 2년(1011)에 흙으로 쌓았다가(토성), 공양왕 2년(1390)에 돌로 고쳐 쌓고(석성), 감무(監務)겸 만호(萬戶)를 두었으며, 세종 12년(1430) 축성을 보게 되었으나 세종 16년 7월까지 5년이 지나도록 역사를 완성하지 못하였다고 기록하고 있다. 그리고 이 일은 무려 14년 후인 세종 26년(1444) 7월에 가서야 거의 완성을 보기에 이르렀다고 했다. 이 기록을 통해서 공양왕 2년에 쌓은 영일읍성은 남성리가 아니라 장흥리라는 사실을 알 수 있다. 이숭인의 영일읍성기에 두 달 만에 완공되었다는 기록에 나오는 읍성과 세종 12년 축성을 시작해 세종 26년에 완성되었다는 읍성은 하나의 읍성을 쌓은 기록으로 보기 어렵다.

이상의 내용은 규장각 논문, 포항시사, 포항역사의 탐구, 동대해문화재연구소 지표조사 보고서, 남성리 읍성의 지형 구조와 지리적 입지 조건 등을 고려한 지형학자 개인의 견해임을 밝혀 둔다.

③ 영일현 읍치가 이전한 이유

남송리 읍성에서 300여 년 만에 영일만과 가까운 장흥리로 읍성을 옮긴 이유와 18세기 후반 장흥리 고읍성에서 생지리로 그리고 생지리에서 대잠리로 다시 생지리로 옮긴 이유는 무엇일까? 첫째, 남성리에서 300여 년 만에 형산강 변의 장흥리 옮긴 이유는 영조 8년(1732) 함경도지역의 기민(飢民, 굶주리는 백성)을 구제하기 위해 설치한 포항창진의 기능과 관련되었을 것으로 추정된다. 포항창은 경상도지역의 곡식을 모아 저장했다가 함경도에 기근이 들면 배로 운반해 기민을 구제하는 역할을 하는 큰 창고였고, 영일현 관할 내에 있었다. 포항창진은 평상시 쌀 3만 석, 최대 10만 석까지 저장할 수 있는 국가적 규모의 큰 창고였다. 이런 창고를 운용해 기민을 구제하는 것은 국가적인 사업으로, 가장 가까운 곳에 있는 영일현감의 역할이 필요했을 것이다. 그런데 내륙에 자리한 남성리 읍성은 포항창진과 멀리 떨어져 있어 원활한 업무협조와 소통이 어렵다. 그러나 장흥리 고읍성은 포항창진과 가깝고 형산강 수로를 이용해 배로 연결된다. 장흥리는 남성리 읍성보다 포항창진과 업무협조가 훨씬 편리했을 것이다.

둘째, 19세기 말 잦은 읍성 이동의 원인은 대원군 통치시기 유럽 열강의 우리나라 연안 침략과 관계가 있을 것으로 판단된다. 각 읍지의 영일현의 지도와 1865년 7월에 영일현 임곡진(林谷津)에 남자 16명, 여자 1명을 태운 이양선(異樣船, 근대식 서양배)이 나타난 사실은 당시 영일만 지역의 방어가 중요했을 것이라는 점을 이해하는데 큰 참고 자료가 된다.

장흥리에서 생지리로 읍성을 옮긴 1866년(병인년)은 프랑스가 강화도를 침략해 외규장각에 불을 지르고 문화재를 약탈한 병인양요가 발생했고, 생지리에서 대잠리로 읍치를 옮긴 1871년(신미년)은 미국이 강화도를 침략해 신미양요가 발생했다. 대잠리에서 생지리로 다시 읍치를 옮기기 1년 전인 1885년에는 영국이 러시아의 남하를 막기 위해 남해안의 거문도를 불법 점령하는 사건이 발생했다.

거문도 사건으로 기록된 영국의 거문도 불법 점령은 1885년 3월 1일부터 1887년 2월 5일까지 이어졌고, 조선의 중립화론이 나오기도 했다. 서양 열강으로부터 침략의 위협이 극에 달했던 시기에 포항창진은 기민 구제보다 해안 방어를 목적으로 하는 포항진으로 그 역할이 바뀐 것이 당시의 시대 상황을 증언한다. 19세기 말 외세의 침략 위협에 대응하기 위해 짧은 기간 읍치가 여러 번 이동했을 것으로 판단된다. 이 또한 개인적인 견해임을 밝힌다.

④ 영일현 읍성 입지의 지리적 조건

조선시대 5번이나 이전하면서 터를 잡았던 5군데 읍성은 크게 두 가지 형태로 나눌 수 있다. 고읍성이 있던 장흥리, 마지막 읍성이 있던 생지리는 형산강 변의 들판에 자리한 평지형(平地

形) 읍성이고, 오천읍 원동의 고현성, 남성리 읍성, 대잠동은 산지와 평지가 만나는 지점에 자리했던 평산성(平山城)이다. 흥해 읍성도 분지의 한 가운데인 평지에 자리했던 평지형이고, 장기 읍성은 전형적인 산성이다.

천혜의 지리적 조건을 갖춘 고현성

아래 사진을 보면 고현성은 우리나라 전통 취락의 전형적 입지인 배산임수(背山臨水) 형태임을 알 수 있다. 고현성이 뒤에는

그림 8. 고현성의 배산임수 입지

현재 포항시 쓰레기매립장이 있는 구릉(배산)이 있고, 앞에는 냉천이 흐르고(임수) 있다. 고현성은 정면을 흐르는 냉천 변에 넓은 들판이 있고 농경이 가능해 많은 인구도 부양할 수 있어, 큰 마을이 형성될 수 있다. 고현성 내부에서는 냉천 변의 넓은 들판과 영일만이 모두 내려다보일 정도로 전망이 좋아, 해안에서 침투하는 적을 감시하기 좋은 지형 조건을 갖추고 있다. 고현성은 신라~고려시대 내내 왜구의 잦은 침략에 시달렸던 영일만 지역에서 많은 인구가 거주할 수 있고 방어에도 적합한 지리적 조건을 갖춘 성이라 할만하다.

대규모 토목공사가 어려웠던 고대 신라시대와 고려시대는 거주와 방어에 유리한 지리적 조건을 갖춘 고현성보다 더 좋은 읍성 터를 찾기 어려웠을 것이다. 신라 경덕왕 때 이곳을 버리고 범람의 위협이 커 거주에 불리하고, 방어하기도 어려운 칠성천 변의 장흥동으로 읍성을 옮겼다는 견해는 지리적 관점에서 보면 무리가 있어 보인다.

고현성 내부에서 조망한 냉천 변 들판으로 현재는 오천읍의 주택지로 개발되고 있다. 성안에서 외부를 발아래 내려다볼 수 있고 해안에서 침입해오는 적의 동태가 한눈에 들어온다(그림 9).

그림 9. 고현성에서 조망한 냉천과 평야

1 접시 모양의 분지에 자리한 고현성

〈그림 10〉은 고현성의 지형적 특징을 한눈에 볼 수 있는 3D(입체지도) 지도다. 읍성이 자리한 골짜기 내부는 북쪽으로 기울어진 얕은 접시 형태의 분지를 이루고, 읍성 외부는 사람이 올라가기 어려울 정도로 경사가 급한 절벽이 감싸고 있다. 성벽을 쌓지 않더라도 절벽을 깎아 경사를 급하게 만드는 삭토(削土) 공법만으로도 적의 공격을 어렵게 할 수 있었을 것이다. 경사가 완만하고 평탄한 고현성 내부의 지형은 남쪽이 오천서원이 자리한 북쪽보다 해발고도가 높다. 적이 성으로 들어올 수 있는 두 개의 골짜기 입구만 잘 지키면 힘들게 읍성을 쌓지 않아도 지형에 의

지해 효과적으로 침입하는 적을 방어할 수 있는 곳이다. 방어에 유리한 고현성의 지형적인 장점을 버리고, 신라 경덕왕 때 홍수의 위험이 크고 반드시 성벽을 쌓아야 하는 장흥동으로 읍성을 이전했다는 주장은 받아들이기 어렵다.

입체지도의 청색 선은 고현성 내부의 물이 배수되는 골짜기를 나타내기 위해 소하천을 표시한 것이다. 읍성의 성벽은 접시형 분지의 능선을 따라 성을 쌓았는데 접시형 골짜기를 감싸는 형태의 포곡식 성이라고 할 수 있다.

그림 10. 고현성의 지형적 특징

그림 11. 고현성의 추정 범위와 성벽 흔적

〈그림 11〉은 카카오 지도에서 3D로 본 고현성의 전체 윤곽이다. 읍성 내부 남쪽(그림 왼쪽)에는 밭으로 이용되고 있는 탁자 형태의 평평한 지형 면(가)이 발달해 있고, 오천서원이 자리한 읍성 북쪽 지역도 경사가 완만한 평탄면(나)이라 마을과 관청이 자

리할 수 있는 공간이 충분하다.

고현성의 최대의 약점은 읍성의 북쪽 능선이 상대적으로 낮고 완만해 적의 침입에 취약한 것이다. 이런 문제점 때문에 고려시대 흙을 다져 성벽을 쌓는 판축 기법으로 북쪽 성벽을 쌓아 보완했던 것으로 추정된다. 〈그림 11〉 노란 점선은 고현성의 범위를 표시한 것이다. 고현성 뒤편에 자리한 산 능선과 북쪽에는 성벽

그림 12.고현성 남쪽의 평탄면

의 흔적이 남아 있다. 그러나 들판과 만나는 고현성의 동쪽에는 성벽을 쌓았는지는 알 수 없다. 그림의 A, B는 남아있는 성벽의 흔적이고, C는 들판과 뚜렷하게 구분되는 급경사 지역이다.

① 고현성 내부 남쪽의 평탄면

성 밖에 자리한 냉천과 주변 들판이 내려다보이는 높은 곳이

지만 〈그림 12〉에서 보이는 것처럼 넓고 매우 평탄하다. 주변보다 높고 윗부분이 평평한 탁자 형태의 지형을 이루고 있다. 현재 밭으로 이용되고 있으나, 과거 읍치가 있던 시기에는 마을, 관공서, 군사시설이 입지하기에 충분했을 것이다. 이곳에서 냉천과 주변의 들판 그리고 영일만이 한눈에 보인다.

② 고현성 내부의 북쪽

성의 남쪽 지역보다 상대적으로 고도가 낮고, 성벽이 있는 뒷산에서 아주 완만한 경사를 이루며 내

그림 13. 읍치가 자리했을 것으로 추정되는 성 남쪽 지역

려오다 들판과 만나는 지점에서 급경사를 이룬다. 지형 여건과 일상생활의 편리성, 방어 등을 고려했을 때, 읍성과 관련된 시설들은 오천서원이 자리한 이곳 평탄면에 입지했었을 것으로 추정된다(그림 13).

서쪽 성벽(A)

고현성 뒷산 능선에 소나무가 자라고 있는 둑 모양의 성벽 흔

그림 14. 북쪽 성벽의 흔적

적이 뚜렷하다(그림 14).

성벽에는 고현성의 기반암인 제3기 퇴적암과 다른 화산암류의 돌과 기와 조각이 여기저기 흩어져 있다(그림 15). 이 돌은 성을 쌓기 위해 다른 곳에서 가져온 돌이다. 기와 조각은 이 성이 어느 시기까지 이 지역을 다스리던 치소가 있었고 사람이 거주하고 있었음을 증명하고 있다.

그림 15. 북쪽 성벽의 화산암

그림 16. 발굴 조사 중인 북쪽 성벽. 2021년 발굴 완료

북쪽 성벽(B)

고현성 북쪽은 성 내부와 외부 고도 차가 작아 적의 공격에 취약해 이를 대비해 쌓은 성벽이 남아 있다. 개인이 집을 짓기 위해 공사를 하다 성벽이 발견돼 문화재청에 신고하면서 2020년 12월부터 발굴 조사가 이루어지고 있다(그림 16).

고현성 뒷산에서 성벽이 이어지고 있는데, 한눈에 보기에도 인위적으로 쌓은 둑처럼 보인다. 발굴 조사가 이루어지고 있는 성벽 길이는 대략 70~80m 정도이고, 발굴이 완료된 부분은 빗물에 의한 훼손을 막기 위해 비닐로 씌워 놓은 상태였다.

흙으로 쌓은 토성임이 분명한데 성벽의 표면은 큰 돌로 마감해 빗물에 의한 침식으로 성벽이 무너지는 것을 막으려 했던 것으로 보인다. 성벽 외벽을 두르고 있는 큰 돌은 이 지역의 기반암인 신생대 제3기 퇴적암이 아니다. 중생대 화산암류가 분포하는 오어사 골짜기에서 흘러온 냉천 하상에 흩어져 있던 강 돌을 사용해 고현성의 외벽을 마감한 것으로 추정된다. 냉천 바닥에 흩어져 있던 화산암류의 강자갈을 이곳까지 운반해 왔다는 얘기다. 한 가지 흥미로운 점은 남성리 읍성의 성벽에 사용된 것과 비슷한 화산암류인데, 성벽에 사용된 돌의 모양이 다르다. 고현성에 사용된 화산암류의 자갈은 인위적으로 다듬은 장방형의 남성리 읍성 돌과 달리 하천에 있는 강자갈이라 다듬지 않은 자연

그림 17. 북쪽 성벽의 화산암 자갈

석이라는 사실이다(그림 17).

〈그림 18〉은 냉천 상류지역의 하상을 촬영한 사진이다. 중생대 화산암류가 분포하는 배후 산지에서 냉천으로 운반되어온 자갈이다. 일제강점기 지도상(1910년대)의 냉천은 현재보다 폭도 넓었고 모래와 자갈이 흩어져 있는 하천으로 표시되어 있다. 사람의 간섭이 거의 없었던 고대 신라와 고려시대에도 냉천은 일제강점기 지도에 나온 것처럼 자연상태의 하천이었을 것이다. 외벽을 마감한 돌은 냉천 하상에 지천으로 흩어져 있는 화산암 돌을 운반해 사용했던 것으로 보인다.

③ 판축기법으로 쌓은 토성

현장 발굴조사를 지휘하고 있는 학예사는 판축기법으로 쌓은 토성이라고 설명해 주었다. 판축기법은 고대부터 흙으로 건물 벽이나 성벽을 쌓을 때 주로 사용했던 방식이다. 나무판자로 거푸집을 세우고 접착력과 종류가 다른 흙을 넣은 후 절굿공이로 다져서 벽을 쌓는다.

그림 18. 냉천 하상의 화산암 자갈. 고현성 남서쪽에 자리한 운제산의 화산암을 냉천이
　　　　운반한 것이다.

판축기법으로 지은 건물 벽이나 성벽은 시루떡처럼 층이 구분된
다. 〈그림 19〉는 고현성의 북쪽 성벽이 흙을 한층 한층 다져서
세워진 판축기법의 성벽이라는 사실을 증명하고 있다.

그림 19. 북쪽 성벽의 판축 흔적

시멘트 콘크리트를 할 때 입자 크기가 다른 모래, 자갈을 섞어 강도를 높이는 것과 마찬가지로, 판축을 할 때 접착력과 종류가 다른 흙을 사용하는 것이 한 가지 종류의 흙보다 더 견고한 벽을 만들 수 있다.

〈그림 20〉은 성벽 발굴현장에서 나온 고려시대 기와 조각을 모아 놓은것이다. 발굴 현장에 만난 학예사는 고려시대의 기와 조각이라고 말했다. 출토된 기와 조각은 고려시대에 이곳에 읍 치가 존재했었다는 증거로 보인다.

2021년 4월 고현성 북쪽 성벽 발굴을 주도했던 천년문화재

그림 20. 성벽 발굴 과정에서 출토된 고려시대 기와 편

연구원의 발굴조사 보고서가 나왔다. 발굴조사서에는 '고려시
대 축성기법을 확인하였으며, 출토유물 또한 고려시대로 확인되
고 있어, 고현성의 주 축조 시기는 고려시대로 판단할 수 있다.
이러한 고현성은 고려시대 혹은 이전 시기에 축조되었다가, 이
후 조선시대에는 폐기되어 문헌 기록에만 남아 있게 된 것으로
판단된다'라고 보고하였다. 고현성이 고려시대 읍성이라는 것이
증명된 것임으로 신라 경덕왕(757) 때 장흥동으로 읍성을 옮겼
다는 기존의 주장은 수정되어야 하고, 포항시사의 영일읍성 이
전 내용도 재검토되어야 할 것으로 판단된다.

골짜기

동쪽(C) 급사면

성벽을 쌓지 않아도 될 정도로 들판과 고도차가 나고 거의 절벽에 가까운 급사면을 이루고 있다(그림 21). 사진의 뒤편에는 능선을 따라 쌓은 서쪽 성벽이 남아 있고, 읍성의 정면에는 계단 모양의 지형이 들판과 만나는 지점에 절벽이 있다. 집 뒤편 절벽에는 화살 제작에 쓰이는 시누대(山竹)가 자라고 있다. 원동리 마을이 자리한 동쪽 지역은 약간의 삭토법으로도 인위적인 절벽을 만들 수 있는 지형 조건을 갖춘 곳이다.

그림 21. 고현성 동쪽의 급사면

汎濫原(Flood Plain)에 자리한 장흥리 고읍성(古邑城)

신라에서 고려시대까지 고현성에 있던 읍성은 고려말인 1389년경(고려 공양왕 1)에 칠성천 동쪽에 자리한 장흥리로 이전했다.

영일현의 읍성 중 생지리 읍성과 더불어 하천 변의 평지에 자리한 점이 특이하다. 평지에 자리한 장흥리는 배를 이용한 수로교통의 편리성은 있으나 늘 하천 범람의 위험이 도사리고 있고, 배산임수의 입지를 한 고현성과 달리, 방어를 위해서 반드시 읍성을 세워야 하는 곳이다. 고려말 이곳으로 읍성을 옮긴 것은 왜구의 침탈이 극에 달했던 고려말 ~ 조선 초의 시대적 상황이 반영되었을 것으로 추정된다.

그림 22. 고지도로 본 장흥리 고읍성 터

영일만으로 침입해오는 왜구에 대한 적극적이고 신속한 대응을 위해 바다와 가까운 장흥리로 읍성을 이전했을 것으로 추정된다.

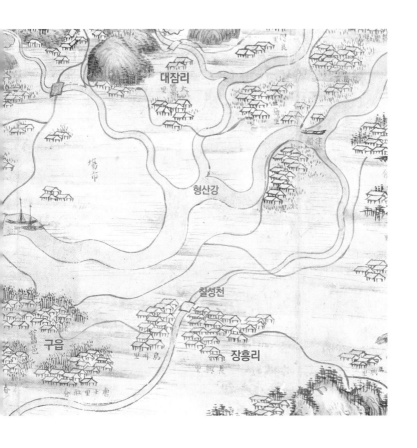

■ 고지도로 본 장흥리 고읍성 터

〈그림 22〉는 1872년 지방도인 영일현지도의 일부분이다. 칠성천을 사이에 두고 서쪽에 생지리, 동쪽 평지에 장흥리가 있다. 이때 영일현 읍치는 대잠리에 있었으므로, 구읍은 대잠리로 옮기기 전 읍성이 있던 생지리를 가리키는 것이다. 현재는 철강산업 단지로 개발되어 하천 변 어디에 읍성이 있었는지 흔적은 전혀 찾아볼 수 없고 장흥동이라는 지명만 남아있다.

■ 구(舊)지도로 추정해본 장흥리 고읍성 터

〈그림 23〉의 왼쪽은 일제강점기인 1918년에 작성된 연일 지도, 아래쪽은 1956년 작성된 1:50,000 지형도이다. 일제강점기 지도에는 장흥동이라는 지명으로 되어있고 도로와 마을이 표시되어 있다. 칠성천 서쪽 마을은 생지동이라고 나온다. 1956년 지형도에 장흥동이라는 지명이 표시되어 있다.

지명은 그 장소의 지리적 특징이나 역사적 사실을 담고 있는 사례가 많다. 위에서 설명한 고지도에 장흥리가 표시되었고, 일제강점기 지도, 1956년 연일지도와 장흥리라는 지명이 현재까

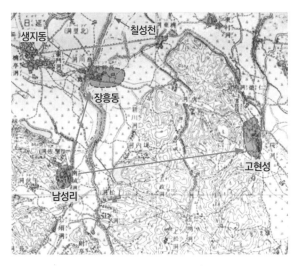

그림 23.
구지도로 본 장흥리 읍성 터

지 이어지고 있다는 점에서 두 지도에 장흥동이라고 나와있는 지역에 고읍성이 자리했을 것으로 추정된다.

여지도서의 고적조에서 남성리 읍성 북쪽 7리에 고성(장흥리)이, 동쪽 15리에 고현성이 자리한다는 기록에도 부합한다. 또한 1956년 지형도에 장흥동의 마을이 있는 곳은 논 표시가 없다. 생지리와 장흥동 같은 하천 변의 평야지대에서는 몇십 센티미터만 높은 곳이 있어도 사람들은 그런 지형에 터를 잡고 산다. 강변에 자리한 장흥리는 주변 논 지역보다 지형적으로 높은 곳이라 범람의 위험이 상대적으로 적어, 오래전부터 사람이 거주했던 것으로 판단된다.

장흥동, 생지리처럼 하천의 범람으로 형성된 평야를 범람원(汎濫原, Flood Plain)이라고 한다. 범람원은 하천이 넘칠 때마다 물에 운반되어 온 토사가 퇴적되어 형성된 지형이다. 범람원에서 하천 가까운 곳에 형성된 높은 지형을 자연제방(自然堤防, Natural Levee)이라 부른다. 범람원에서 사람이 살아갈 수 있는 장소는 몇십 년 만의 큰 홍수 때가 아니면 범람의 피해가 없는 자연제방이다. 자연제방은 하천이 범람할 때 운반되어 온 토사 중 모래같이 입자가 굵고 무거운 물질은 멀리 이동하지 못하고 하천 바로 옆에 쌓여 형성된다. 진흙 같은 미세한 물질은 상대적으로 하천 변에서 멀리 떨어진 곳까지 이동되어 퇴적된다. 진흙이 운반되어 쌓인 곳은 범람원 중에서도 배수가 불량해 갈대가 우거진 습지를 이루는 경우가 많은데, 이를 배후습지라고 부른다. 배후습지는 대부분 논으로 개간되어 현재는 자연상태의 지형을 보기 어렵다.

조선시대 가장 긴 기간 읍치가 자리했던
남성리 읍성

　남성리 읍성은 조선 초기인 세종 때 석성을 쌓고 장흥리 고읍 성에서 이전해 왔다. 세종 21년(1439) 11월 20일에 경상도 장 기·영일·남해·김해 등지에 읍성을 쌓은 기록이 남성리 읍성 축 성을 증명한다. 연일 읍성은 하삼도(충청도, 전라도, 경상도) 연해 읍성의 축조 총책임을 맡은 최윤덕의 각관성자조축조건(各官城 子造築條件)을 충족하는 것으로, 비교적 앞선 순위로 세종 12년 12월에 공사가 시작되었다. 이때 부실공사를 막기 위하여 축성 후 5년 이내 무너지면 해당 관리는 율문(律文, 법)에 따라 장 80 도(杖八十度)로 다스리고, 환직(還職, 성 쌓는 관리로 복직)시켜 무너 진 곳을 다시 쌓도록 하였다.

　남성리 읍성의 규모는 동대해문화재연구소의 지표조사에 따 르면 유실된 부분을 빼고 현재 온전하게 남아있는 성벽의 총길 이는 1,193m나 된다. 남성리 읍성의 지형구조로 추론해 유실된 부분까지 복원한다면 성벽의 길이는 지표조사 자료보다 200m 이상 더 길어질 것으로 추정된다. 《동국여지승람(東國與地勝覽)》

에 공양왕 2년(1390)에 완공된 영일읍성의 둘레는 2,940척(尺)
이라 나와 있고, 최근세에 기록된 구 연일 읍지에 주위 2,940
척, 높이는 12척으로 나와있다. 1척을 30cm로 보면 성 둘레는
882m, 조선 건국 후 사용된 명나라의 1척인 34cm로 보면 성
둘레는 999.6m가 된다. 모두 동대해문화재연구소의 지표조사
에서 측량된 현존하는 성벽의 총길이보다 짧다. 동국여지승람의
읍성 규모와 현재 남아있는 읍성 규모의 차이를 동대해문화재연
구소의 지표조사 보고서에서는 후대에 성을 증축한 것으로 판단
하고 있다.

남성리 읍성은 영조 23년(1747) 장흥동의 고읍성 지역으로 이
전할 때까지 300여 년 동안 영일현의 치소가 자리한 읍성이었
다. 조선시대 영일현 읍성 중 남성리 지역에 읍성이 가장 오래
자리했었다.

1 산지와 평야가 만나는 곳에 자리한 남성리 읍성

남성리 읍성은 남성리 서쪽에 자리한 해발 224.9m인 옥녀
봉에서 뻗어 내려온 산줄기가 칠성천 변의 들판과 만나는 지점
에 자리해있다. 산지와 들판이 만나는 지점이라, 뒤로는 산을 등

지고 앞에는 넓은 들판이 있어 사람이 거주하기에 유리하다. 읍성 북쪽에는 구릉대에서 연일읍까지 이어지는 넓은 어미 들판이 펼쳐져 있고, 동쪽에는 칠성천을 따라 넓은 평야가 발달해 있다. 들판의 논에 물을 대기 위해 읍성 북쪽 구릉과 평야가 만나는 지점에 조박저수지(적계저수지), 동쪽에는 제내저수지가 자리해 있다(그림 24). 이 두 저수지는 1872년 제작된 영일현 지도에 지(池, 연못)라고 표시되어 있을 정도로 오래되었다. 오래된 저수지가 있다는 것은 조선시대부터 읍성 북쪽의 어미들과 칠성천변의 들판에서 본격적인 벼농사가 이루어졌다는 것을 의미한다. 읍성 주변에 자리한 넓은 평야의 풍부한 토지 생산력이 있었기에 18세 후반 영일현의 호구 수와 인구가 흥해, 장기, 청하지역보다 많았다. 이런 사실은 조선시대 지리지에 기록되어 있다. 사람이 거주하기 유리한 지리적 조건 때문에 조선시대 영일현의 읍성 중에서 남성리에서의 체류 기간이 300년을 넘었던 것으로 판단된다.

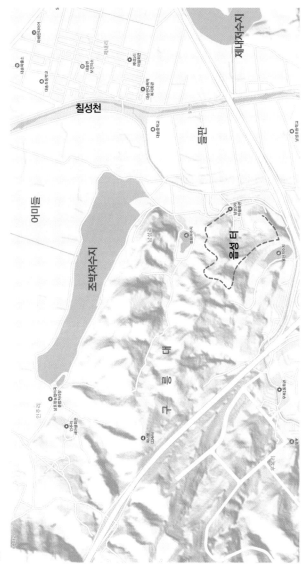

제내저수지

칠성천

들판

어미들

조박저수지

읍성터

운주리

구 등

그림 24.
남성리 읍성의 지형

그림 25. 남성리 읍성의 지리적 입지

풍수지리에서 산진처(山盡處, 산줄기 끝나는 지점)에 지기가 뭉쳐 혈(穴)이 맺힌다 했으니 남성리 읍성 터가 그런 곳이다. 지형적으로는 산줄기와 평야가 만나는 지점, 즉 산에서 평야로 바뀌는 요충지다. 그러나 들판으로 뻗어나온 구릉에 맺힌 터라 청룡과 백호에 해당하는 산줄기가 겹겹이 둘러있지 못해 장풍(藏風)의 형국은 이루지 못했다. 조선시대 읍성 분류 논문에서 평지와 산지가 만나는 지점에 세워진 읍성은 평산성(平山城)으로 분류한다. 남성리 읍성도 평산성이다.

서쪽에서 조감(鳥瞰)한 남성리 읍성

〈그림 25〉는 읍성 뒤편에서 드론으로 촬영한 남성리 읍성과 주변 들판 모습이다. 구릉에 의지해 읍성을 쌓을 수 있었고, 동쪽과 북쪽에 넓은 평야가 있어 많은 사람을 부양할 수 있는 생산력을 갖춘 장소다. 지리는 역을 취한다! 무슨 말일까? 범람원과 삼각주 같은 저습지에서 거주 장소는 물을 피할 수 있는 높은 곳인 자연제방, 사막 같은 곳에서는 물이 있는 오아시스, 물천지인 바다에서는 육지인 섬이 거주지가 된다. 남성리 읍성 북쪽의 형산강, 동쪽의 칠성천 변에 넓은 평야가 펼쳐져 있다. 하천 변의 평야는 범람의 위험이 크기 때문에 거주와 농경에 편리한 장소인 구릉이 평야와 만나는 지점에 마을이 위치하게 된다. 남성리 읍성이 있는 장소가 바로 이런 곳이다. 넓은 평야 한편에 높지도 낮지도 않은 구릉에 의지해 군사, 행정, 경제적 활동이 이루어지기 편리한 곳이 남성리 읍성이다.

그러나 모든 장소에 단점이 있듯이 내륙에 자리한 남성리 읍성은 해안 방어라는 측면에서 영일만 쪽으로 침입하는 적을 감시하고 빠른 응전을 하기에 불리하다.

북서쪽에서 뻗어온 구릉대가 하천과 만나는 지점에 읍성이 자리한 작은 분지(골짜기)가 발달해 있다. 읍성 터는 얕은 접시형 분지고, 분지 외부는 급경사를 이루고 있다. 읍성 전면에는 우복리에서 흘러오는 작은 하천이 천연 해자(垓子)를 이루고 있어, 읍성을 쌓기에 유리한 지형 조건을 갖추고 있다(그림 26).

남성리 읍성의 지형 구조상 방어에 가장 취약한 부분은 읍성 내부의 물이 배수되고 칠성천 변의 넓은 평야와 만나는 동쪽이다. 그러나 동쪽의 지형적 약점은 마을을 감싸고 흐르는 칠성천의 지류천이 천연 해자를 이뤄 보완해 주고 있다. 현존하는 성벽 내부에는 관아와 객사가 자리한 분지와 서쪽 능선 넘어 서쪽에 골짜기가 있다. 읍성은 골짜기 두 개를 감싸고 있는 포곡식 성이다.

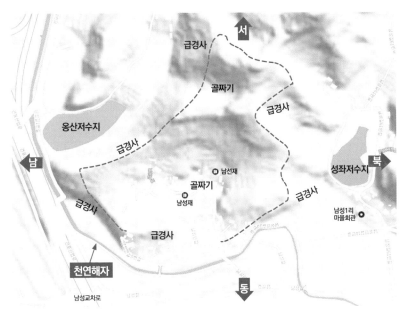

그림 26. 남성리 읍성의 지형적 특징

① 천연 해자

다리 건너 큰 느티나무 옆에 읍성 내부로 들어가는 도로가 있다. 읍성이 있던 조선시대에는 주 출입구인 동문이 이곳에 있었을 것으로 추정된다. 사진의 작은 하천이 남성리 읍성의 남쪽과 동쪽, 북쪽을 휘감아 돌아 흐르며 천연 해자를 이루고 있다(그림 27). 현재 이 하천은 양안에 제방을 쌓았고 바닥까지 시멘트로 포장되어 있다. 해자는 물이 가득 차 있어야 제구실을 한다고 생각할 수 있지만, 남성리 마을보다 1.5m 이상 낮은 골을 이루며 흐르고 있어, 침입하는 적에게는 쉽지 않은 장애물이었을 것이다.

그림 27. 천연 해자를 이루는 남성2리 마을 앞 하천

② 동쪽 급경사

집 뒤편 대나무가 자라는 절벽 위에 읍성 내부의 평탄면이 자리해 있고 이곳에 읍성과 관련된 건물이 다수 자리했었다는 사실이 동대해문화재연구소의 지표조사를 통해 확인되었다. 시누대가 자라고 있는 읍성의 동쪽은 절벽이라 적이 공격하기 어려운 자연 성벽을 이루고 있다(그림 28). 천연 해자를 이루는 하천을 이용해 성벽을 능선 위에 두지 않고 현재 집이 자리한 평지까지 연장했었는지 알 수 없다.

그림 28. 해자를 이루는 하천과 남성리 읍성 동쪽 급경사면

그림 29. 남성리 읍성 서쪽 골짜기에 자리한 옹산저수지

③ 서쪽 급사면과 골짜기

철탑이 서 있는 능선을 따라 읍성의 서쪽 성벽이 있다. 읍성 서쪽 성벽이 자리한 능선의 아래 지역은 저수지를 쌓을 정도의 깊이를 가졌던 골짜기로 되어있어 방어에 유리했을 것으로 추정된다. 현재 서쪽 골짜기에는 입구에 제방을 쌓아 만든 옹산저수지가 자리해 있다(그림 29).

그림 30. 남성리 읍성의 남쪽 성벽이 자리했던 급사면

④ 남쪽 급사면

사진의 시멘트 옹벽은 읍성을 휘감아 돌아 흐르는 소하천의 범람과 침식을 막기 위해 포장해 놓은 것이다. 사진에서 보듯이 아래 밭에서 절벽처럼 솟아 천연성벽을 이루고 있다. 읍성의 남쪽 성벽은 급사면을 최대한 활용해 쌓았으므로 방어하기 유리했을 것이다(그림 30).

3 남성리 읍성의 구조

읍성이 영조 23년(1747)에 이전했으니, 270여 년이 지났지만 성벽은 능선을 따라 상당 부분 남아 있어 읍성의 전체적인 윤곽을 알 수 있다. 〈그림 31〉은 남성리 읍성의 입체지도와 동대해 문화재연구소 지표조사 보고서를 참조해 작성한 남성리 읍성의 구조다. 첫째, 읍성의 출입문은 동, 서, 남, 북 4곳에서 문지(門址, 문 터)가 발견되었는데, 확실한 곳은 북문과 서문이다. 북문과 서문에는 적의 공격으로부터 성문을 보호하는 옹성(甕城)의 흔적도 남아 있다고 한다. 남성리 읍성의 지형 구조상 성문은 내부의 물이 배수되는 동문 한 군데만 만들어야 방어에 유리한데, 4방향 모두에 성문을 만들었던 사실이 지표조사에서 확인되었다는 점은 의외다.

18세기 중반 남성리 읍성을 그린 해동지도에 읍성의 문은 동문 하나만 표시되어 있다. 둘째, 적을 감시하는 초소의 역할을 했던 망루(望樓)는 서쪽 성벽 2곳과 남쪽 성벽 1곳 등 총 3곳에서 확인되었다. 세 군데 모두 적의 동태를 조망하고 감시할 수 있는 지형적 위치에 세워졌다. 셋째, 건물지는 지도에 표시한 것처럼 북쪽 경사면과 남쪽 언덕 위에서 확인 보고되었다. 주춧돌과 많은 기와 조각이 발견되었으나, 지표조사만 해서 건물의 용도는

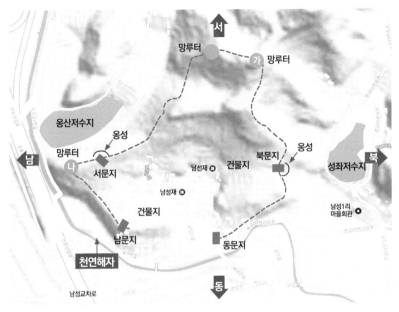

그림 31. 남성리 읍성의 내부구조

밝힐 수 없었다고 한다.

읍성이 장흥리로 이전하고 이 지역은 연일정씨의 터전이 되었던 것으로 추정된다. 읍성이 자리한 분지의 서쪽 산기슭에 연일정씨 시조의 위패를 모시는 사당인 남성재가 자리해 있다. 연일정씨가 배출한 대표적인 인물은 고려말 조선의 건국을 반대하고 죽음으로써 충절을 지킨 포은 정몽주가 있다.

① 고지도로 본 남성리 읍성의 구조

조선시대 고지도 중 해동지도는 영조 때에 제작된 지도로 남성리 읍성의 객사, 아사(관청), 성문 위치가 그려져 있어 조선시대 남성리 읍성의 내부구조를 추정할 수 있다(그림 32). 해동지도에 나오는 읍성이 남성리 읍성이라는 사실은 지도 오른편에 기록된 내용을 통해 확인할 수 있다. 이 지도에는 영조 8년(1732)에 설치된 포항창(浦項倉)이 표시되어 있어 지도의 대략적인 제작 시기도 엿볼 수 있다.

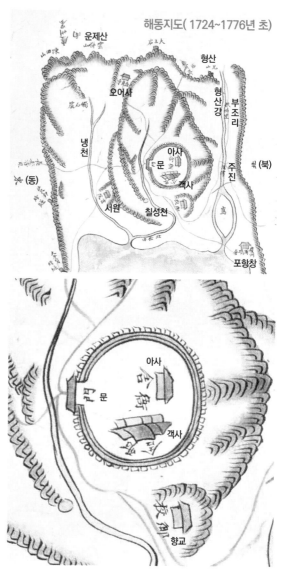

해동지도(1724~1776년 초)

운제산
형산
오어사
형산강
부조리
냉천
아사
문
주진
(북)
객사
(동)
서원
칠성천
포항창

아사
읍헌
문
객사
향교

그림 32. 해동지도로 본 남성리 읍성의 내부구조

해동지도에 기록된 내용을 보면 첫째, 古邑城 在縣北(고읍성은 현의 북쪽에 있다), 남성리로 읍성이 이전하기 전에 있던 장흥리 고읍성이 현의 북쪽에 있다는 기록이다. 둘째, 古縣城在縣東(고현성은 현의 동쪽에 있다). 장흥리 읍성으로 이전하기 전 고려시대 읍성이었던 고현성이 현의 동쪽에 있다는 기록이다. 해동지도의 두 가지 기록에 부합하는 지리적 위치에 자리한 영일현의 읍성은 남성리 읍성뿐이다.

해동지도는 북쪽과 동쪽을 강조해 제작했기 때문에 지금 우리가 인지하는 방향과 지도가 일치하지 않는다. 현재의 방위로 보면 냉천과 서원은 남성리 읍성의 동쪽에 있고, 영일만은 남성리 읍성에서 북동쪽, 형산강과 주진은 읍성의 북쪽에 자리한다. 지도에 그려진 읍성 구조를 보면 문은 동문(東門) 하나만 그려져 있는데, 위에서 설명한 대로 읍성 주위가 급사면으로 둘러싸이고 동쪽만 열려있는 남성리 읍성의 지형 구조와 일치한다. 읍성 내부의 북쪽에 아사와 객사가 표시되어 있다. 동대해문화재연구소의 지표조사 보고서에 동서남북 모두 문을 설치했다고 했는데 해동지도 제작자는 왜 동문만 표시했을까? 주로 사용하는 큰 문이 동문이기 때문이었을까? 남성리 읍성의 지형 구조로 보면 해동지도에 동문만 그린 것이 남성리 읍성의 지형 구조와 맞다.

조선시대 읍성 내부의 공간 구성

〈그림 33〉은 조선시대 읍성의 전형적인 공간 구조를 나타낸 그림이다. 읍성의 중심 건물은 국왕을 상징하는 객사(客舍)고, 행정을 보는 동헌(아사, 衙舍)이 그다음 순위다. 수도 한양의 왕궁 주위에 문묘와 성균관을 설치한 것처럼, 지방 관청이 있는 읍성에는 향교를 설치해 선현에 대한 제사와 후대의 교육을 담당했다.

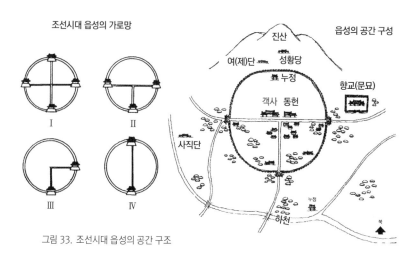

조선시대 읍성의 가로망

읍성의 공간 구성

진산

여(제)단   성황당

누정

객사   동헌

향교(문묘)

사직단

누정

하천

북

그림 33. 조선시대 읍성의 공간 구조

낯선 지방에 여행을 갔을 때 향교가 있다면 조선시대 지방 치소인 부(府), 목(牧), 군(郡), 현(縣)이 소재했던 곳이라 생각하면 틀림없다. 읍성 뒷산에 고을을 수호하는 큰 산이 진산(鎭山)이다.

읍성의 주요 도로는 모두 객사와 아사로 수렴되는 구조로 되어 있다. 남성리 읍성의 동문만 그려져 있는 해동지도를 그대로 따르면 읍성의 가로망은 Ⅳ형이었을 것이고, 동대해문화재연구소의 지표조사 보고서를 따르면 Ⅰ형이었을 것이다.

셋째, 注津縣北 伐池在縣東(주진은 현의 북쪽에 있고, 벌지는 현의 동쪽에 있다). 현재 제내저수지는 남성리 읍성에서 직선으로 1km 동쪽에 있어 사람의 시야에 들어온다. 1872년 영일현 지도의 지명 중 구읍은 생지리 읍성, 성내리(城內里)는 영조 23년(1747)까지 영일현 읍성이 있던 남성리다. 이 지도에 벌지는 남성리 동쪽에 지(池)로 표시되어 있고, 저수지 남쪽에 제내리(堤內里)라는 지명이 있는 것으로 미루어, 현재의 제내저수지로 추정된다. 벌지는 1970년 1:50,000 지형도에 못산 못으로 표시되어 있고, 현재는 제내저수지로 불리고 있다. 〈그림 34〉에서 성내리 북쪽에 파란색으로 기록한 지(池)는 현재의 적계저수지로 추정된다. 적계저수지는 과거 성내리에서 현재 남성리로 지명이 바뀐 남성1리의 북쪽에 위치해, 영일현지도에 표시된 지(池)가 적계저수지라는 사실을 증명하고 있다. 이 기록을 바탕으로 해동지도에 표시된 영일현 읍성은 현재의 남성리가 틀림없다.

그림 34. 고지도로 본 남성리 읍성과 저수지(池)

② 남성재에서 본 읍성 내부

사진 정면의 도로가 읍성 밖 동쪽으로 이어지는 마을 도로다. 조선시대에도 주 출입구인 동문을 통해 이 길을 따라 들어와 사진 좌측에 자리했던 관청(아사)으로 연결되었을 것이다(그림 35).

그림 35. 남성재에서 본 남성리 읍성 내부

영일현감 공덕비 남성리 읍성에 객사, 관아가 들어서 있었다는 또 다른 증거는 역대 연일현감의 공덕비가 남아있는 점이다. 남성2리에 자리한 총 3기의 공덕비는 영일현 읍치가 이곳에 있었음을 증명하고 있다.

그림 36. 영일현 현감의 공덕비. 3개의 공덕비만 남아 과거 남성2리에 영일현 읍성이 있었음을 증명하고 있다.

읍성 내부 도로 천연 해자인 남성2리 앞 하천을 건너면 느티나무가 서 있는 마을회관에서 공덕비가 있는 읍성 내부까지 직선으로 뻗은 도로가 있다. 동문에서 관아가 있는 읍성 내부까지 연결되는 유일한 도로다. 남성리의 지형 구조상 영일현 읍치가 소재했을 당시에도 이 도로가 사용되었을 것으로 추정된다.

현대식 도시로 말한다면 도시의 핵심시설인 관청이 자리한 중

그림 37. 읍성 동쪽 입구에 본 남성리 읍성 내부 도로

심 도로다. 남성리 읍성 내부의 산 아래 보이는 기와지붕이 영일 정씨 시조를 기리는 남성재다. 남성리 읍성의 주 출입구인 동문이 자리했던 흔적은 찾을 수 없지만 마을회관 뒤에 남성리 읍성 성벽이 온전히 남아있어 이곳에 동문이 자리했었음을 짐작할 수 있다.

그림 38.
남성리 읍성의 유적 분포도. 성벽의 흔적은
동쪽 일부, 서쪽, 북쪽에 남아 있고 남쪽은
성 돌이 흩어져 있다.

4 현재 남아있는 읍성 벽, 건물지, 망루

이 글에서는 직접 답사해 눈으로 성벽 돌을 확인할 수 있는 부
분만 언급하였다. 앞에서 설명한 것처럼 남성리 읍성이 있는 곳

도 신생대 제3기 층의 퇴적암이라 성벽을 쌓는 돌로 이용할 수 없
다. 운제산과 형산처럼 중생대 화산암류가 분포하는 곳에서 남성
리로 돌을 운반해 성을 쌓았을 것이다. 〈그림 38〉 드론 사진에 알
파벳과 가, 나로 표시된 순서대로 성벽과 망루를 설명하였다.

그림 39. 동쪽 성벽 흔적

① 남성리 읍성의 성벽

동쪽 성벽 (A 지점)

남성리 앞을 흐르는 하천 가까이에 자리한 성벽으로 성 돌이 드러나 있다. 지금은 마을 사람들이 북쪽 성벽이 있는 능선으로 올라가는 소로가 나 있고, 시누대가 군락을 이루고 있다. 노출된 돌은 이 지역의 기반암인 신생대 제3기 퇴적암이 아니라 화산암류다(그림 39).

그림 40. 원형을 간직한 동쪽 성벽. 성벽 끝에 읍성의 관청으로 연결되는 도로가 있어, 이곳에 동문이 자리했었던 것으로 보인다.

동쪽 성벽 (B 지점)

남성리 경로당 뒤편에 비교적 온전한 형태의 성벽이 남아있다. 사진에 보이는 성벽 끝부분이 남성재가 있는 읍성 내부로 들어가는 도로다. 아마도 이 성벽과 도로가 마주치는 곳이 읍성의 주 출입구였던 동문 터로 추정된다.

그림 41. 남쪽 성벽이 흔적. 밭으로 경작되는 건물터가 바로 옆에 있고 성 돌로 보이는
화산암이 흩어져 있다.

남쪽 성벽 (C 지점)

북쪽 성벽보다 남아 있는 석축이 거의 없고, 성을 쌓았던 큰
돌들이 절벽 위 평탄면에 흩어져 있어, 이곳이 남쪽 성벽이었다
는 사실을 알 수 있다. 읍성 남쪽은 급경사면 자체가 적의 침입
을 어렵게 하는 지형적인 장벽을 이루고 있다(그림 41). 실제 읍
성이 있던 조선시대에 급경사면을 인위적으로 깎아 만드는 삭토
(削土)법으로 절벽을 만들어 남쪽 성벽을 보완했다면 방어하기는
훨씬 유리했을 것이다.

그림 42. 서쪽 성문터와 성벽 흔적. 오른쪽 산길을 통해 서쪽으로 나갈 수 있는 곳으로 발굴 조사를 통해 서쪽 성문터가 발견된 곳이다.

서쪽 성벽 (D 지점)

성내에서 저수지가 있는 서쪽 계곡으로 내려가는 길이 있다. 동대해문화연구소의 지표조사 보고서에는 이곳에 옹성을 두른 서문이 있었다고 보고되어 있다. 성벽을 쌓을 때 사용되었던 중생대 화산암류의 돌이 보인다(그림 42). 급사면을 이루는 서쪽 능선에 굳이 문을 만들고, 그 문을 보호하기 위해 옹성을 쌓았다는 사실을 이해하기 어렵다.

서쪽 성벽 (E 지점)

남성재 뒷산에서 이어지는 서쪽 능선을 따라 성벽의 흔적이 뚜렷이 남아 있다. 성벽에는 화살 제작에 사용되는 시누대가 군락을 이루고 있다(그림 43).

그림 43. 서쪽 성벽. 사진 왼쪽 대나무가 자라고 둑처럼 보이는 부분이 화산암으로 쌓은 읍성의 성벽이다.

그림 44. 서쪽 성벽의 성돌. 대나무에 가려져 있지만 성벽이라는 것을 알 수 있다.

서쪽 성벽의 흔적 (E 지점)

남성리 읍성 지역도 떡돌이라 불리는 푸석푸석한 신생대 제3기 퇴적암 지대라 성벽을 쌓은 돌은 우복리 서쪽에 자리한 운제산이나 형산 일대에 분포하는 중생대 화산암류를 사용했다.

그림 45. 북쪽 성벽. 성벽의 높이가 1m 이상 온전하게 남아 있다.

북쪽 성벽 (F 지점)

중생대 화산암류의 돌을 채석해 쌓은 성벽이 비교적 잘 남아
있다(그림 45).

그림 46. 둑처럼 보이는 북쪽 성벽. 성벽 왼쪽에 계단식 밭에서 관청과 건물터가 발굴되었다. 오른쪽 아래서 북쪽 성문터가 발굴로 확인되었다.

북쪽 성벽 (G 지점)

제방처럼 보이고 군데군데 성벽을 쌓을 때 사용된 돌이 흩어져 있다. 노출된 돌은 신생대 제3기층 퇴적암은 아니다(그림 46).

② 읍성 주변의 망루(望樓)

적의 접근과 침입을 감시하는 초소였던 망루는 서쪽 성벽 1곳

그림 47. 북쪽 망루 흔적. 화산암으로 쌓은 단(壇)이 남아 있다.

과 남쪽 성벽 한 곳이다. 두 곳 모두 주변보다 높게 쌓은 석축이 남아있어 감시초소로 사용되었음을 알 수 있다. 동대해문화재연구소 지표조사 보고서에는 망루 주변에 기와 편이 발견되는 것으로 미루어 망루 건물이 있었을 것으로 추정하고 있다.

서쪽 망루 (㉮)

풀숲에 가려있어 찾기가 쉽지 않았다. 주변보다 높게 쌓았던 석축이 남아있어 망루였음을 알 수 있다(그림 47). 현재처럼 능선에 나무가 없다면 지형 여건상 주변 전망이 좋은 지점이다.

남쪽 망루 (㉯)

현재 고압전선 철탑 옆 능선 정상에 망루가 남아있다. 주변보다 높게 쌓은 석축과 무너져 내린 돌이 시누대 숲속에 흩어져 있다(그림 48).

그림 48. 남쪽 망루 흔적.

풍수적 형국을 갖춘 대잠동 읍치

1871년 신미양요가 발생해 서양 세력의 침략 위협이 컸던 시대적 상황 하에서 형산강 변의 평지인 생지리에 자리했던 영일현 읍치를, 산지와 평지가 만나는 대잠동으로 이전한다. 대잠동은 읍성을 쌓지 않았던 곳이라 영일현 치소가 이전했다는 의미로 읍성이 아니라 읍치라고 했다.

1871년에 편찬된 규장각 소장 『영남읍지』 10책의 영일현읍지 성지 마지막에 '新邑 辛未移建于大岑里(신읍 신미이건우대잠리)'라는 문구가 신증되어 있어 대잠리로 읍치가 이전했었음을 알 수 있다.

대잠동으로 이전한 이유는 서양 세력의 해안 침략에 따른 방어의 필요성이 커지자 해안 방어를 위해 설치된 포진과의 유기적인 연결을 위해 형산강과 가까우면서도 낮은 산지가 자연 성벽을 이룬 대잠리로 이전한 것으로 판단된다.

〈그림 49〉는 1872년에 작성된 영일현 지도로, 지표의 생김새를 마치 산수화를 그리듯 그렸다. 이 지도는 150년 전 현재 포항 지역의 상세한 자연과 인문지리 정보가 기록되어 있다.

지도에서 보듯이 읍치가 이전한 대잠동은 풍수적으로 청룡과 백호에 해당하는 좌우 산줄기가 두 줄기 이상 겹쳐져 있고, 읍치의 주산(뒷산)이 자리한 북쪽도 여러 산줄기가 막고 있어 확실한 장풍 형국을 이루고 있다. 장풍 형국이란 사실은 읍치가 자리한 분지가 여러 겹의 산줄기로 쌓여 있어 방어에도 유리한 지형이란 점이다. 대잠리는 고현성, 고읍성, 남성리 읍성, 생지리 읍성과 달리 성을 쌓은 기록이 없다. 조선 후기는 안동 김씨의 세도정치에 따른 국가 체제와 삼정의 문란으로 국가재정이 바닥나고 백성들의 삶이 파탄 지경에 이르렀다. 대원군의 개혁정치로 잠시 안정되었으나, 왕권 강화를 위한 경복궁 중건으로 다시 국가재정이 어려워졌고 백성들의 삶도 어려움이 컸던 시기라 현실적으로 읍성을 쌓기는 어려웠을 것으로 추정된다. 그러나 대잠동은 영일현의 읍치 중 유일하게 읍성을 쌓지 않았기 때문에 관청 건물이 사라지고 도시화된 오늘날에는 그 흔적조차 찾을 수 없다.

지도에는 영일현 읍치가 있는 곳을 신읍(新邑)이라고 표시했고, 읍치가 자리한 분지의 입구에 현대의 시장과 같은 역할을 했던 장시(場市)가 표시되어 있다. 읍치의 왼쪽(서쪽) 유등리에는 새로 이전했다는 의미로 신향교(新鄕校)라 쓰여있다. 읍치 옆에는 1999년까지 존재했던 대잠저수지를 연못이라는 뜻의 지(池)로 표시했다. 읍치의 오른쪽(동쪽)에는 현재 포항시의 도심에 해당하는 곳에 포항리 라는 지명과 군사기지인 포진이 표시되어 있다. 지도의 구읍은 대잠리로 읍성이 오기 전, 영일현 읍성이 있던 생지리를 가리킨다.

대잠동 읍치는 산으로 둘러싸여 성벽이 없어도 방어에 유리하고 해안 방어를 위해 설치한 포진과 인접해 있어 유사시 대응하기 편리했을 것이다. 북쪽에 있는 흥해군 읍성과 육로로 바로 연결되고, 형산강과 가까워 수로교통도 편리하다. 대잠동 읍치는 지리적으로 수륙교통의 요충지이자 방어에 유리한 곳이다.

그림 49. 고지도로 본 대잠동 읍치 (1872년 영일현 지도)

〈그림 50〉은 1910년 일제강점기 초기에 제작된 1:50,000 지형도다. 실측해서 제작된 현대식 지형도라 조선시대 제작된 고지도에 비해 훨씬 더 많은 지리정보가 들어있어, 이 시기 포항지역 이해에 큰 도움이 되는 자료다. 영일현의 읍치가 있었다는 흔적이 행정구역 이름에 남아있다. 바로 읍내면(邑內面)이라는 지명이다.

조선시대 지방 통치의 중심지였던 읍치를 중심으로 국가에서 설치한 국립학교인 향교가 자리한다. 읍치가 있는 마을을 중심으로 읍내면, 북쪽 지역은 북면, 남쪽 지역은 남면이라는 행정구역을 설치한 사례가 많다. 지도에 읍내면이라는 지명은 대잠동에 읍치가 있었다는 확실한 증거다. 대잠동으로 이전했던 읍치가 1886년 다시 형산강 남쪽 들판에 자리한 생지로 옮겨간 후에도 읍치가 소재했던 흔적이 읍내면이라는 지명으로 남아있게 된 것이다. 그러나 1914년 일제의 행정구역 개편 이후에 발행된 1918년 지도에는 대잠이라는 지명은 있으나 읍내면이라는 지명은 사라지고 없다.

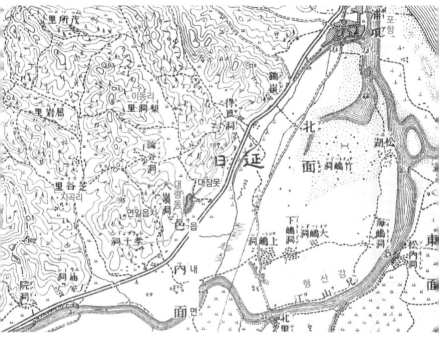

그림 50. 1910년 지형도. 일제강점기 지도와 조선시대 지명. 지도에 읍내면, 북면 등
조선시대 군현제도에서 사용된 지명이 기록되어 있다.

　포항시의 도시화로 대잠동 읍치가 있던 곳의 원래 지형은 알아보기 어려울 정도로 변했다. 네이버의 지형도와 지질자원 연구원의 음영 기복도를 비교해 대잠동 읍치의 지형을 설명하면 아래와 같다.

　북쪽에서 남쪽으로 뻗어 내려온 구릉이 평야와 만나는 지점에 작은 분지가 형성되어 있고, 이곳에 대잠동 읍치가 자리했었다. 읍치를 중심으로 성모병원이 자리한 오른쪽(동쪽) 능선과 왼쪽(서쪽)에 자리한 능선이 작은 분지를 감싸고 있다. 풍수에서 말하는 좌청룡과 우백호에 해당하는 능선으로 둘러싸인 작은 분지 지형에 읍치가 있었다. 그리고 읍치가 자리했던 산줄기 좌우(동서)에 남북 방향으로 산줄기가 뻗어 있다. 이 산줄기는 풍수에서 말하는 외청룡과 외백호에 해당한다. 분지 안의 물은 효자지구대가 자리한 곳을 통해 밖으로 배출되었다(그림 51).

　대잠동 읍치가 자리한 장소는 우리나라 전통마을의 전형적 입지 형태인 배산임수의 입지를 하고 있다. 대잠동 읍치가 자리했던 분지는 북쪽이 산으로 가로막혀 겨울 추위를 가져오는 북서풍도 차단되고 남향이라 일조량이 많아 따뜻하다.

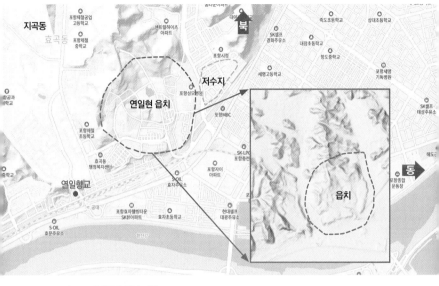

그림 51. 대잠동 읍치의 지형

〈그림 52〉는 생지리에서 대잠동으로 읍치가 이전할 때 읍치 서쪽에 자리한 유등리로 함께 이전했던 신향교가 연일향교로 표시되어 있다. 안타깝지만 포항사람 중 대잠동에 영일현 읍치가 있었다는 사실을 알고 있는 사람은 그리 많지 않은 것 같다. 가

까운 경주의 문화유산은 많이 알고 있지만 정작 내 삶의 터전인 포항의 역사와 문화에 대해서는 잘 알지 못하는 사람들이 많은 것 같다. 가까운 시내에 자리한 대잠동에 읍치가 있었던 자리에 비석을 세워 시민들에게 역사의 현장이었다는 사실을 알리면 좋을 것 같은 생각이 든다.

1872년 영일현 지도에 지(池)로 표시되었던 대잠못(저수지)은

메꾸어져 시가지로 바뀌었다. 〈그림 51〉의 파란 점선으로 표시한 곳이 대잠못이 있던 곳이다. 아래 사진은 1999년에 대잠저수지를 촬영한 사진으로 홍수로 제방이 붕괴되 물이 모두 빠져나간 모습이다(그림 52). 사진의 왼쪽 높은 건물이 성모병원이고 병원 왼쪽 분지에 대잠동 읍치가 있었다.

그림 52.
1999년 홍수로 붕괴된
대잠저수지

아래 사진은 과거 대잠저수지가 있던 자리에 아파트, 포항 시청, 왕복 6차선 대로가 자리한 시가지로 변한 현재 모습이다. 성모병원 왼쪽(서쪽) 주택이 있는 어딘가에 과거 영일현 대잠동 읍치가 자리했었다(그림 53). 읍성을 쌓지 않았고 도시화로 원래 지형이 심하게 변화되어 읍성 내부의 건물터와 읍성의 범위도 추정할 수 없는 것이 대잠동에 소재했었던 영일현 읍치의 현주소다.

그림 53. 오늘날의 대잠동과 포항시청이 자리한 이동 일대

형산강 범람원에 자리한 생지리 읍성

조선시대 영일현 읍성이 다섯 번 이동하는 과정에서 두 차례 읍성이 자리했던 곳은 장흥리와 생지리다. 그러나 평야에 자리한 생지리와 장흥리의 읍성은 일제강점기와 한국전쟁 이후 경제개발 시대를 거치며 대부분 사라져 그 흔적을 찾기 어렵다. 생지리의 경우 고지도, 일제강점기 지도, 1956년, 1974년 지형도에 표시된 지형지물과 지명을 통해 읍성 터를 추정할 수 있다.

◼ 1872년 영일현 지도에 표시된 생지리 읍성

형산강 남쪽 들판에 구읍(舊邑, 옛날 읍)이라고 나와있는 곳이 생지리 읍성이 있던 곳이다. 1871년에 읍치가 대잠동으로 이전했기 때문에 예전 읍치가 있던 곳이라 구읍이라 기록한 것이다. 생지리 구읍 북쪽에 숲이 그려져 있고, 마을 서쪽에는 관청이 표시되어 있다. 같은 시기에 그려진 흥해군 지도와 장기현 지도 역시 영일현 지도처럼 회화식(繪畫, 그림)으로 그렸다. 이 지방 지

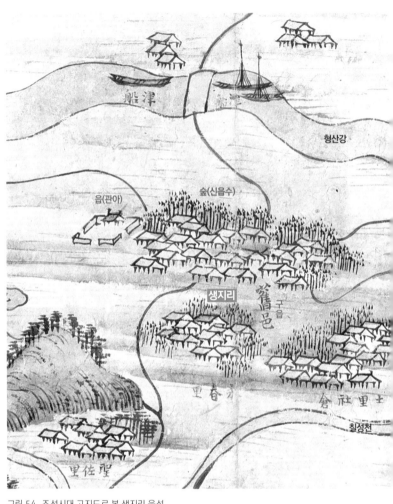

형산강

읍(관아)

숲(산읍수)

생지리 舊邑

구읍

船津

里春

倉社里

칠성천

里佐聖

그림 54. 조선시대 고지도로 본 생지리 읍성

오천리

里 介 鳥

장흥리(고읍성)

里 興 長

里 洞 虎

도에 흥해군 곡강천 변에 조성한 홍수 방지림 북천수와 장기천 변에 조성했던 숲도 그려져 있는 것으로 미루어, 생지리 북쪽 강변에 형산강 범람과 해풍의 피해를 막기 위해 숲을 조성했던 것은 분명한 사실이다(그림 54).

2 생지리 읍성 터에 자리한 신읍수(新邑樹)

오른쪽 위성영상은 형산강 변의 평야에 자리한 생지리의 지리적 입지를 잘 보여주고 있다(그림 55). 현재의 생지리는 직강화된 유로 때문에 지도처럼 형산강 변 가까이에 자리해 있다. 전해지는 이야기로는 연일파출소 건너편에 생지리 읍성 안에 있던 영일현 관아가 있었다고 한다.

그림 55. 현대 지도로 본 생지리 읍성 터 ▶

연일파출소 건너편에 있었던 영일현 관아 건물의 모습이다. 사진의 제목은 조선경북연일헌병출장소(朝鮮慶北延日憲兵出張所)라고 기록되어 있고, 출입문에 헌병이 있는 것으로 봐서 영일현의 관청이었던 건물을 일제가 헌병부대 주둔지로 이용한 것으로 보인다(그림 56). 조선을 식민지화한 일제는 1919년 3·1 독립 만세운동이 일어나고 1920년대 소위 문화통치로 전환할 때까지 민간경찰이 아닌 군 경찰인 헌병을 동원해 무단통치(武斷統治)를 했다. 조선인의 저항을 군대의 무력과 공포를 동원해 막으려 했던 것이 무단통치다. 무단통치는 우리나라 전체가 군인들이 거주하는 병영(군부대)처럼 되었다는 의미다. 학교 교사들에게도 군인처럼 제복을 입히고 수업시간에 칼을 차고 교실에 들어가 수업을 진행했다. 이 사진은 일제의 무자비했던 무단통치를 보여주는 증거다.

생지리 읍성의 지리적 위치는 형산강 변의 들판이라, 바다에서 불어오는 해풍과 육지에서 바다로 부는 바람의 영향을 모두 받아, 바람이 많이 부는 곳이라 방풍림을 조성하는 것이 거주에 유리하다. 생지리 읍성 북쪽에 조성했던 숲은 방풍과 홍수방지라는 두 가지 역할을 했던 것으로 보인다. 이 숲이 남아있는 곳이 조선시대 영일현의 마지막 읍치였던 생지리 읍성이 있던 곳

慶堂月亮田村)　　　　　所張出氏憲　日延北慶鮮朝

그림 56. 일제강점기 사진과 생지리 읍사무소(관청)

이라고 봐야 논리적으로 맞는 것 같다.

아래 사진은 연일읍에 자리한 신읍수 사진이다. 신읍수(新邑樹)란 새로운 읍을 기념해 심은 나무라는 의미다. 1886년 대잠리에 있던 영일 현청을 생지리로 옮긴 기념으로, 당시의 현감 남순원이 주민을 독려하여 길이 7리, 너비 5리에 달하는 넓은 지역에 나무를 심어 바람과 모래를 막는 큰 숲을 조성하였다고 한다. 경제개발과 포항시의 확장에 따른 택지개발로 읍성 터와 신읍수의 대부분은 흔적도 없이 사라졌지만 7~8그루가 남아 이곳에 영일 현청이 있었던 사실을 증명하고 있다.

그림 57. 신읍수. 새로 이사 온 읍성에 심은 나무라는 뜻이다.

비교적 인간의 간섭이 적었던 일제강점기 지도에 표시된 형산강의 원래 유로(물길)와 생지리, 그리고 현재 포항시의 도심 지역 모습이다(그림 58). 이 지도에서 읽을 수 있는 지리적인 내용은 첫째, 형산강의 유로가 현재와 달리 대잠동과 생지리 사이에서 북쪽으로 크게 곡류(曲流)하고 있는 점이다. 현재 유로와 달리 생지리 북쪽에서 크게 곡류하는 관계로 생지리 읍성이 있던 곳이 형산강 변에서 현재보다 훨씬 멀리 떨어져 있다는 점이다. 즉 형산강 범람에 따른 위험이 형산강의 현재 유로보다 곡류했던 과거에는 작았을 것이다. 둘째, 생지리 서쪽에 작은 하천이 생지리를 감싸고 돌아 흘러 형산강에 합류하고 있다. 이 작은 하천이 생지리 밖을 감싸고 돌아 흐른다는 것은 지형적으로 읍성 터가 있던 생지리 일대가 주변보다 상대적으로 해발고도가 높은 지역임을 의미한다. 형산강이 범람하더라도 아주 큰 범람이 아니면 최소한 생지리 읍성은 물에 잠기지 않았을 것이다. 지형변화를 모르고 역사기록만으로 과거를 해석하는 것이 얼마나 위험한지 생지리 사례가 잘 보여준다. 셋째, 하늘색 점선으로 표시된 범위를 읍성 터로 추정해 볼 수 있다. 동쪽에 동문동(東門洞), 서쪽에 서문동(西門洞)이라는 지명이 이곳에 읍성 출입문이 있었음을 증명하고 있다. 생지리 읍성의 서쪽에 중명리 하부조 장이 있고, 생지리의 서문동과 도로로 연결되어 있다. 19세기 후반 영남 제1의 장시였던 부조장을 관리하는 영일현감 자리가 매관매직할 때 제일 높은 가격이었다고 한다. 그만큼 영일현청에서 하부조 장에 대해 집중적인 관리와 감독을 했고, 읍성 지역과 왕래가 많았을 것이라는 점에서 시장으로 가는 서문이 있었던 사실을 어렵지 않게 추정할 수 있다. 지명은 그 장소의 지리적 특징이나, 역사성을 품고 있는 사례가 많은데, 일제강점기 지도의 문(門)과 관련된 지명은 이곳에 생지리 읍성 출입문이 실제 있었기 때문에 붙여진 것으로 봐야 한다.

4 현대 지형도로 본 생지리 읍성 터

1956년 연일 지도에는 생지리가 포항읍 연일면으로 기록되어 있다. 영일현 읍성 터로 추정되는 주변지역은 전부 논이고 생지리 일대는 마을이 있고 논 표시가 없다. 일제강점기 지도에서 설명한 것처럼 생지리 일대가 주변 논 지역보다 해발고도가 높은 곳이란 의미다. 일제강점기 지도와 달리 생지리 일대 지형이 변화되었음을 알 수 있다. 첫째, 생지리 읍성 터를 감고 돌아 흐

그림 58. 1910년대 포항 도폭. 일제강점기 지도와 생지리 읍성 터. 형산강이 생지리 읍성에서 북쪽(대잠동)으로 크게 곡류하고 있다. 곡류구간은 1930년대 일제에 의해 직강화 되었고, 곡류의 흔적은 배머리못으로 남아 있다.

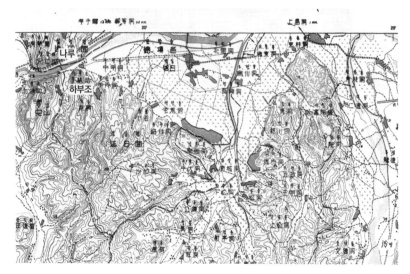

그림 59. 1956년 연일도폭. 지형도와 생지리 읍성 터

르던 작은 하천이 사라지고 논에 물을 공급하기 위해 직선으로
된 수로가 놓여있다. 둘째, 형산강이 생지리와 대잠동 사이에서
북쪽으로 곡류하던 구간이 직강화되어 생지리가 현재처럼 형산
강과 많이 가까워졌다(그림 59).

1974년 불국사 도폭(연일)

〈그림 60〉은 생지리 읍성 터로 추정되는 지역의 토지이용 모

그림 60. 1974년 불국사 도폭. 지형도와 영일현 읍성 터

습이 기호로 표시되어 있다. 생지리 마을이 있는 파란 점선(읍성 터로 추정) 내부에 과수원과 밭 표시가 있다. 생지리 주변 들판은 모두 논으로 이용되는 상황에서 마을이 있는 지역이 과수원과 밭으로 이용되고 있다. 밭, 과수원은 논과 달리 배수가 잘되어야 작물 재배, 수확이 가능하다. 즉 생지리 일대가 모래질 토양이고 주변 들판보다 고도가 높아 배수가 잘되는 땅이란 의미다. 아마도 생지리 읍성 터는 범람원 지역에서 상대적으로 해발고도가

높은 자연제방이었을 가능성이 크다. 장흥리에서 설명했던 대로 자연제방은 하천 가까이에 모래처럼 입자가 크고 무거운 물질이 퇴적되어 만들어지는 지형이라 배수가 잘되기 때문에 대부분 밭, 과수원 등으로 이용된다. 아파트가 들어서고 택지로 개발된 생지리에서 영일현 읍성 터를 찾을 수 없지만, 이 지도의 토지이용 모습을 통해 조선시대에 영일현 읍성이 이곳에 자리했었다는 논리적인 추론이 가능하다. 지리와 역사가 협업을 한다면 역사적인 미스터리도 많이 해결할 수 있을 것이다. 지나치게 분과적인 학문 체계와 학자들의 견해가 아쉽다. 역사는 인간생활의 총체를 담고 있는 것인데 한 분야의 전문가가 모든 역사를 해석하려는 것 자체가 모순이라 생각된다.

또한, 이 지도에는 생지리 남쪽의 평야를 어미들, 운제산에서 흘러나오는 칠성천이 남천이라 기록되어 있다. 언제부터 칠성천이라 했고, 바꾼 이유는 무엇일까? 칠성천이라는 이름이 하천의 지리적인 특징과 역사성이 있는 지명인지 묻고 싶다. 남천은 생지리 읍성의 남쪽에서 흘러오는 하천이라는 지리적인 특징이 반영된 것이지만 칠성천이라는 이름의 유래는 어디서 온 것인지? 해동지도에 영일현 읍성이 있던 남성리 동쪽에 자리한 벌지(伐池)는 못산 못으로 표시되어 있는데 현재는 제내저수지로 불린다. 남성2리 북쪽에 자리한 적계저수지는 조박저수지라 기록되어 있어 수십 년 사이에 지명이 여러번 변화되었다는 사실을 알수 있다. 지명을 정할 때 행정적인 편의성도 중요하지만, 해당 지역의 지리적 특징과 역사성 등이 고려돼야 할 것이다.

3

영일현 읍성 이동의 의미

조선시대에는 지방에 8도를 두고 도 아래 부, 목, 군, 현을 설치해 지방을 통치했다. 읍성은 지방의 행정 치소인 관아와 마을을 보호하기 위해 쌓았던 성으로 지방의 행정, 군사, 경제, 교통, 교육, 문화의 중심지였다. 지방수령은 행정권, 군사권, 사법권(재판), 경찰권(치안)과 조세(세금)를 걷는 권한까지 소유하고 있었다. 백성의 생사여탈권을 쥔 지방수령이 부패하면 백성들의 삶은 어려워질 수밖에 없는 구조였다. 조선말 세도정치하에서 지방수령직의 매관매직이 이루어진 것도 지방수령이 막강한 권한을 남용해 사욕을 채울 수 있었기 때문이다.

읍성을 쌓는 일은 많은 인력과 비용이 필요한 대규모 토목 공사였기 때문에 읍성을 옮기는 것은 국가와 백성에게 큰 부담이었다. 신생대 제3기 퇴적암이 분포하는 포항지역의 읍성 축조는 포항의 외부 지역에서 읍성 쌓을 돌을 운반해 와야 하기 때문에 추가적인 비용과 인력이 필요했다. 그럼에도 불구하고 조선시대에 영일현 읍치는 무려 5차례나 이동했다. 잦은 읍성의 이동이 의미하는 것은 무엇일까?

영일만은 동해안에 자리한 유일한 큰 만이라 바다로 진출하거나 바다에서 내륙으로 들어올 수 있는 지리적 요충지라는 점이다. 신라시대 이래 고려와 조선시대에 이르기까지 영일만은 일본 세력의 주요 침략 루트였다. 신라 경덕왕 때 근오지현의 설치, 고려와 조선을 거친 후 일제강점기 일본인들이 포항지역을 지정면으로 삼고 경북 동해안 침략의 거점으로 삼았던 사실이 영일만의 지리적 중요성을 반증하는 것이다.

영일현은 영일만의 중심지였기 때문에 시대 상황의 변화에 영향을 받았고, 이것이 읍성의 잦은 이동으로 나타난 것이라 판단된다. 기민구제(饑民救濟)를 위한 포항창진의 설치 후에 내륙의 남성리에서 형산강 변의 장흥리 고읍성으로의 이동, 병인양요 후 생지리로의 이동, 신미양요와 관련해 해안 방어가 주 임무였던 포항진과, 가까운 대잠동으로의 이동 등은 결코 우연이라 보기 어렵다.

조선시대 영일현을 품고 있는 포항지역은 고대부터 현대에 이르기까지 매우 역동적인 땅이라는 사실을 영일현 읍성을 정리하며 생각하게 되었다. 포항을 제철도시로만 알고 있지만, 위에서 살펴본 대로 조선시대 읍성이 네 곳이나 남아있고, 고대 신라시대부터 현이 설치되었을 정도로 유서 깊은 역사 도시라는 사실을 알게 되었다.

참고문헌

천년문화재연구원, 2021, 유적 정밀발굴조사 약식보고서(포항시 오천읍 원리 산3-2번지)
이기봉·홍금수, 2007년, 한국지역지리학회지 제13권 제3호(2007) 321-340, 조선시대 경
          상도 읍치 입지의 다양성과 전형성(고려말 이후 입지 경향의 변화를 중심으로)
이재원, 2020, 포항의 숲과 나무, 도서출판 나루
문화재청, 2013, 읍성 보존 관리 매뉴얼, 발간등록번호 11-1550000-001475-01
포항시사, 2009, 1권 242~245쪽, 399~400쪽
魏東大海文化硏究所, 1997, 文化遺績 地表調査 報告書(大松面)
규장각 원문 검색 서비스, https://kyudb.snu.ac.kr/book/list.do
http://e-kyujanggak.snu.ac.kr/geo/contents /con_map_list.
          jsp?c1=02&c2=B&c3=E44

포항학총서 4
지리적 시선으로 본 포항의 읍성 ⓒ민석규

발행일	2023년 2월 28일 초판 1쇄
발행처	포스텍 융합문명연구원
지은이	민석규

펴낸곳	도서출판 나루
펴낸이	박종민
디자인	홍선우
등록번호	제504-2015-000014호
전화	054-255-3677
팩스	054-255-3678
주소	포항시 북구 우창동로 80
페이스북	www.facebook.com/narubooks

ISBN	979-11-982261-0-5 04090
	979-11-974538-6-1 04090 (set)

본 저서는 포스텍 융합문명연구원의 지원을 받아 연구되었음.
This book published here was supported by the POSTECH Research Institute for Convergence Civilization (RICC).